ペルシア文化が彩る
魅惑の国

イラン

Travel & Culture Guide

杉森健一

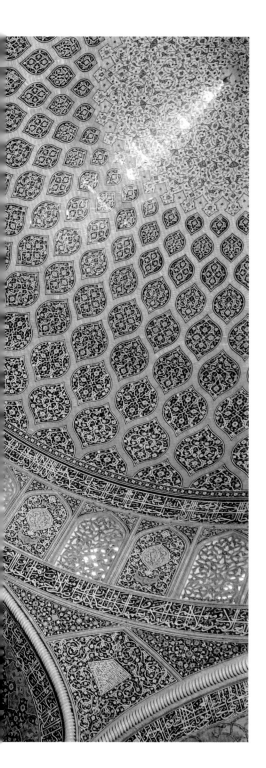

イランへの誘い

　2015年の夏、初めてイランを訪れた。当時、約1年をかけての世界をめぐる旅の途中でイランに立ち寄った理由……正直なところとくにはない。強いて言えば「イランに行った」という経験が話のネタになるかな、といった程度だ。当時の私にとってイランは「未知の国」に他ならなかった。そんなイランに一歩足を踏み入れると、そこには私のイメージとは異なる、意外な世界が広がっていた。

　美しい建築に、気さくな人々、そしてなんと言っても平和な日常。日本のニュースから伝わる、「イランはヤバそうな国」というイメージとはまったく真逆の世界だった。一度それを知ってしまうと、気づけばすっかりイランの虜に。それ以降、何度もイランに足を運ぶこととなった。

　イランの魅力を感じるには、現地を訪れ、その目その肌で「イランにふれあう」のがベストだ。イランは観光資源も多く、「いつかは行ってみたい」と思う人は少なくはない。だが、他国と比較すると、政治的な影響などにより世に出回るイランの情報は少ない。たとえ「イランに行きたい」と思ったとて、実際に旅行計画を立てるまでのハードルが高く感じるのも事実だろう。

　本書の目的は、トラベル＆カルチャーガイドとして、イランの魅力を幅広く発信し、旅行にまつわる疑問を紐解くことでそのハードルを下げ、「イランに行ってみたい」という想いを後押しすることである。

　本書を通じてイランという国、そしてその文化をより具体的に感じ、実際にイランを訪れるきっかけになれば幸いだ。

杉森 健一

Contents

03. イランの芸術文化 068

04. 魅惑の ペルシア料理 086

05. イラン主要都市 必見スポット紹介 106

※本書掲載の情報は2023年9月現在のものです。諸事情は変更される可能性があるので事前にご確認ください

※イランの通貨はイラン・リヤルですが、為替変動が非常に激しいため、本書内での価格表記はUSドルないし円を使用しています

※イランでは住所は基本的に通りの名前のみとなりわかりにくいため未掲載です。詳しい位置はGoogleマップなどで検索いただくことをおすすめします

※店舗等の営業時間は変動が多いため未掲載となります。こちらもGoogleマップなどでご確認いただくことをおすすめします

※ペルシア語の日本語訳は表記揺れが大きいため、情報を検索する際は英名での検索がおすすめです

人智が詰め込まれた芸術

ペルシア建築

イランの魅力といえば、
まず頭に浮かぶのがペルシア建築に宿る美しさ。
色鮮やかで繊細な装飾に包まれたその空間に立てば、
息をのまずにはいられない

Hyakka-Ryouran

イランの魅力

```
1 | 2
  |---
3 | 4
```

1.色鮮やかなタイルアートが印象的なガージャール建築の一つ、モファハムハウス（ボジュヌールド）／**2**.360度アートに囲まれた邸宅、モラバシーハウス（エスファハーン）／**3**.アミノドーレ・プラザはこれがバザールの一部？と疑いたくなるような美しさ（カーシャーン）／**4**.ステンドグラス越しに差し込む朝日が幻想的な美しさを生み出すナスィーロル・モルク・モスク（シーラーズ）

5.ペルシア建築の最高傑作の一つでもあるシャイフ・ロトフォッ
ラー・モスク（エスファハーン）／6.シャー・モスク。すべてが計
算し尽くされた幾何学模様が美しい（エスファハーン）／7.煌
びやかな壁面にびっしりと描かれた宗教画が圧巻のヴァンク教
会（エスファハーン）／8.精巧なミラータイルが創る空間はもは
や万華鏡の世界。シャー・チェラーグ廟（エスファハーン）

独自の歴史が築き上げた
圧巻の世界遺産

イランには26もの世界遺産があり、
その数は世界でも10番目に多い（日本は25で11位）。
人智や自然の魅力が詰まった世界遺産の数々は、
一つたりとも見逃せない

1 | 2
  | 3

1.「エスファハーンは世界の半分」と称されるほど繁栄したサファヴィー朝の中心地、ナグシェ・ジャハーン(エスファハーン) ／ **2**.世界に誇るアート文化が生まれたガージャール朝期のゴレスターン宮殿(テヘラン) ／ **3**.シェイフ・サフィー・アッディーン廟。ふんだんに使用された金が圧巻(アルダビール)

豊かな自然が生み出す
息をのむ絶景

イランは砂漠のイメージが強いかもしれないが、
日本の約4倍もの広大な国土には
多種多様な自然が生み出す絶景がある。
地球の息吹を感じる力強い景観の数々を楽しもう

1
2
3
4

1.様々な鉱物が豊かな色彩を生み出すレインボーアイランド、ホルムズ島のビーチ／**2.**かつては世界有数の大きさを誇っていたウルミエ湖。現在は水位が低下し白い砂漠のような姿に。残念ではあるが壮大な景観は健在だ／**3.**緑豊かな山頂に建てられた要塞、ルードハーン城。カスピ海沿岸地域には豊かな森林地帯が広がる／**4.**ケルマーンのルート砂漠。巨大な砂柱が連なるその姿から自然の力強さが伝わる

世界に誇る
絢爛な芸術

ひとたびイランに足を踏み込めば感じる、
街中や日常にあふれるアートの美しさ。
長い歴史を通じて様々な姿で育まれてきたイランの芸術は、
知れば知るほど虜になる

1
2
3
4

1. イランの芸術の代名詞でも
あるタイルアート。色鮮やかで
美しいタイルアートは、街のい
たるところで見ることができる
／**2.** 繊細で幻想的なタッチが
特徴の細密画（ミニアチュー
ル）／**3.** タイルアートは幾何学
模様や唐草、花柄がメジャー
だが、人物絵画も多く自由度
の高い芸術作品だ／**4.** ペルシ
ア絨毯もイランを代表する芸
術の一つ

日常で愛され続ける
今も息づく**伝統文化**

「伝統文化」と聞くとどこか格式高く、
浮世離れしたイメージがあるかもしれない。
だが、イランでは伝統文化が日常で愛され続けている。
身近に「伝統」を感じることができるのも
イランの素敵なところ

1.伝統的な更紗であるガラムカーリー。何百年も変わらない製法でつくられ、各家庭で愛されている／**2**.ズールハーネと呼ばれる道場で行われる、伝統的な精神と肉体のトレーニング。子どもから大人まで幅広い年代の男が集まり、その身、心を鍛え上げる／**3**.暮らしの中心となるのは、今も昔も各都市に存在する伝統的な造りのバザール／**4**.イランには多くの民族が存在する。人々は現在も伝統衣装に身を包み、毎日を生きる

目移りして困ってしまう
心ときめく 雑貨

イラン旅行の最大の懸念点。
それは治安？ 言語？ いや、もしかすると「物欲」かも。
アート大国イランは心ときめく素敵な雑貨があふれ、
財布の紐もついつい緩みがちに

1	2
	3
	4

1.イランのクリエイターたちが生み出す、伝統的なアートや工法をベースとした現代的なアクセサリーたち。個性的でかわいいアイテムが多いのもイランの特徴／**2.**伝統工芸品であるハータムカーリーのデザインは無限大。お気に入りを選び抜くのが大変だが、それがまた楽しい／**3.**こちらはガラムカーリー。デザインはもちろんサイズや用途も豊富で、テーブルクロスはじめクッションカバーやベッドシーツ、衣類やバッグなど様々なアイテムが存在する／**4.**伝統アート柄でつくるヘアバンド。伝統アートを気軽にファッションに取り入れることができるグッズも豊富

五感で楽しむ
ペルシア料理

ハーブやスパイスの香りが
食欲を刺激するペルシア料理。
意外とクセは少なく、日本人の味覚にも合う。
味はもちろん、香りや舌触り、見た目や音と、
まさに五感で楽しむ料理だ

1

2
3
4

1.代表的なイラン料理であるクビデ・キャバーブ（ラム肉の串焼き）とサフランライスのセット。イランのラム肉はクセが少なく、日本人にも食べやすい／2.イランの食文化になくてはならないのがチャイ。ロックキャンディーや乾燥ローズなどとともに楽しむのがイラン流／3.北西部に位置するガズヴィーン名物のゲイメ・ネサール。イランの名産品であるピスタチオやアーモンド、バーベリーなどをふんだんに使用したぜいたくな一品／4.バザールに並ぶ色とりどりのスパイス＆ハーブはイラン料理に欠かせない

1	2
	3
	4

1.ピクニックを楽しむイラン人家族。ひとたび目があえば「こっちおいでよ!」と笑顔で歓迎してくれる方々が非常に多い。イラン人との交流もイラン旅行の大きな醍醐味／2.イランのご家庭で出されるウェルカムフルーツ。イランではきゅうりも立派なおもてなしフルーツなのである／3.レストランでは日本の国旗とともに歓迎してくれることも／4.とにかくイラン人は気さくな人が多い。たとえバイクに乗っていても「サラーム・ジャポニー!(こんにちわ、日本人!)」と旅行者を歓迎する心は忘れない

あたたかく、心に響く
ホスピタリティ

旅行歴がある人にイランの魅力を聞くと、「イラン人の人のよさ」と口をそろえる。
旅行者を歓迎してくれるホスピタリティ精神こそが、
イランの最高の観光資源かもしれない

これだけ知っておけば大丈夫

01.イランの基本情報

多くの日本人にとってイランはなじみが薄い未知の国。
まずはイランの基本的な情報から紐解いていこう。
旅行に行くならば出発前に頭に入れておきたい事柄をまとめてみた

多種多様な特徴が輝く

イランとはどんな国だろうか。日本でもイランに関する話題は国際ニュースで目にする機会が多い。テレビの中では、ターバンを巻いた政治家が険しそうな顔で欧米政府を批判している。テロップには「濃縮ウラン」や「核兵器」など物騒な言葉が並んでいる。果たしてこの状況下での「イランは素敵な国です」という言葉に信憑性はあるのだろうか。

イラン「政府」が国内・国際問わず、社会的課題を多く持つことは事実だ。しかし、それと同時にイランには長い歴史で育まれた魅力的な「文化」がある。これもまた事実である。

文化は政府が創作するものではなく、その国の自然や歴史の中で生きる人々が築き上げてきたもの。

文化を含め、イランにはどんな特徴があるのだろうか?

まず、イランの特徴を語るうえで地理&歴史的要素は欠かせない。古くは2500年前、ペルシア帝国が世界有数の大国として栄え、独自の文化を育んだ。その後、シルクロードの中間地点として様々な地域の文化と融合を重ね、現代まで発展を続けてきた。

現代では原油・天然ガスといった豊富な資源を軸に、車もつくればスマホもつくる、中東の工業大国へと成長した。イランで走る車のほとんどがメイド・イン・イランである。

乾燥地帯が多いため「砂漠の国」のイメージが強いかもしれないが、意外に農業も盛んで、その生産額は世界5位(国際連合食糧農業機関の2021年の統計)。じつに多種多様な面で魅力的な国なのである。

1.首都テヘランの街並み。テヘランに限らず、イランではどの街にも歴史を感じさせる美しい建物が多く、お散歩も捗る／2.800万人超の人口を誇るテヘランは中東最大規模の大都市。エネルギッシュなこの街は夜景も美しい／3.イラン内陸部は乾燥地帯が多く、都市間の移動中に広大な景色を楽しむことができる／4.道路脇で営業するフルーツの直売トラック。これもまたイランらしさを感じる風景だ

正式国名	イラン・イスラーム共和国（英語：Islamic Republic of Iran ペルシア語：جمهوری اسلامی ایران）
面積	1,648,195平方キロメートル（日本の約4.4倍）
首都	テヘラン
人口	8,920万人（2023年）
政治体制	イスラーム共和制
宗教	イスラーム教シーア派が大半。 少数派として、イスラーム教スンニ派、ゾロアスター教、キリスト教、ユダヤ教など
民族	ペルシア（50％）、アゼリー（15％）、クルド（10％）、ロル（5％）、マーザンダーラン（5％） その他、ギーラン、バルーチ、アラブ、トルクメン、カシュガイなど
言語	ペルシア語が公用語。 ペルシア民族以外はそれぞれの母語で育つ場合も多いが学校教育はペルシア語
通貨	イラン・リヤル。2023年9月現在、実勢レートで10,000イラン・リヤル＝2.9円
日本との時差	−5時間30分（日本が正午のときイランは午前6時30分）
国番号	98
暦	イラン暦（西暦2023年1月1日＝イラン暦1401年10月11日）
新年	ノウルーズ（春分の日＝西暦3月20日もしくは3月21日）
休日	金曜日（木曜日は半休）
主要産業	石油関連業、製造業、農業

アルメニア
アゼルバイジャン

トルコ

カスピ海

北ホラーサーン州

フボイ ● ● マランド
タブリーズ ◉
ウルミエ ●
東アゼルバイジャーン州

アルダビール州

アルダビール ◉ ● アスタラ

ギーラーン州
◉ ラシュト

アルボルズ州

バンダルトルカマン
ゴレスターン州
● ゴルガーン

マハーバード ●
西アゼルバイジャーン州

ザンジャーン州
ザンジャーン ◉

ガズヴィーン州
ガズヴィーン ◉

バーボル ● サーリー ◉
マーザンダラーン州

シャーフルード ●

クルディスターン州

キャラジュ ● テヘラン ★
テヘラン州

セムナーン ◉

サナンダジ ◉

エスラームシャフル ●

セムナーン州

ハマダーン州
ハマダーン ●

ゴム州
● ゴム

ケルマーンシャー州
ケルマーンシャー ◉

マルキャズィー州
アラーク ◉

● カーシャーン

バグダード ◎

イーラーム ◉ ロレスターン州
ホラマバード ●
イーラーム州

エスファハーン州

イラク

● デズフール

エスファハーン ◉
シャフレコルド ◉

ヤズド州

チャハールマハール
バフティヤリ州

フーゼスターン州
アフヴァーズ ◉

コフギールイェ
ブーイェル
アフマド州

● ヤズド ◉
● バーフク

ホッラムシャフル ●
アバダーン ●

バンダル
イマームホメイニー

ヤスジュ ◉

ケルマーン州

クウェート

クウェート
シティ ◎

シーラーズ ◉
ファールス州

シールジャーン ●

ブーシェフル ◉
ブーシェフル州

● バンダル カンガン

ペルシア湾

バンダル アッバス ◉
ホルムズガーン州

バンダル レンゲ ●

ホルムズ海峡

サウジアラビア

バーレーン
◎ マナマ

カタール
◎ ドーハ

アラブ首長国連邦

ウズベキスタン

トルクメニスタン

ボジュヌールド●

サラフス●
サブゼバール●　◎マシュハド

ラザヴィー
ホラーサーン州

ターイバード●
ゴナーバード●

アフガニスタン

ビールジャンド◎

南ホラーサーン州

ザーボル●

ケルマーン●

ザヘダン◎

バム●　　　パキスタン

シスターン
バルチスターン州

ジャスク●
チャバハール●

オマーン湾

広い国土に様々な文化が共存

　東西に大きく広がるイラン。約165万平方キロメートルと日本の約4.4倍を誇るその国土は31の州からなる。旅行先として人気が高いのは首都テヘラン、中部のエスファハーン、ヤズド、そして南部のシーラーズだ。テヘラン〜シーラーズを結ぶ南北のラインはイラン旅行のゴールデンルート。

　また、イスラーム教シーア派の聖地として世界中から巡礼者が集まる北東部のマシュハドや、アゼルバイジャーン地方の中心地でもある古都タブリーズも旅行先としても人気の都市。北部のカスピ海沿岸地方には緑豊かな自然があふれ、西部には音楽の町、サナンダジを擁するクルディスターン地方が広がる。

　南西部のフーゼスターン州には古代エラム時代の遺跡が残り、南部のホルムズガーン州のホルムズ海峡に浮かぶ島々ではインドやアラブ、さらにはアフリカ系の文化も感じることができる。南東部のシスターンバルチスターン州ではパキスタンやアフガニスタン地域と関係性の高い文化とふれあうことも可能だ。本書含め、イランという国を紹介する際は「ペルシア文化」にフォーカスすることが多くなってしまうのだが、じつはイランは地域ごとに異なる様々な民族的・自然的魅力が詰まった国。

　何度行っても、どこに行っても、新しい発見がある。それがイランという国だ。

IRAN　　JAPAN

「イランに行きたい！」というあなたへ
イラン旅行事情

イランは特異な事情がありそうな国なので、
「行ってみたいけど、どうしよう……」と悩んでしまう人も少なくないだろう。
だが、イランを観光で訪れるのはそう難しくない。
「イランに行きたい！」という想いを後押しするべく、
気になるポイントを徹底解説！

イラン旅行の基本

治安は大丈夫なの？

　イラクやアフガニスタンと隣接するイランは、地理的に危険なイメージがあるかもしれない。だが、観光で訪れる都市の治安は基本的に安定している。テロや誘拐などのイメージもあるけれど、2013年以降、日本人旅行者が重大犯罪に巻き込まれたという報告はない。ただ、スリやひったくり、痴漢などの軽犯罪には十分注意が必要。また、クレジットカードが使用不可などのイランならではの事情や、言語的な問題などから（ペルシア語はそもそも数字を読むことさえ難しい）、海外旅行にあまり慣れていない人はガイド付きのツアーで訪れるのがおすすめだ。

女性の一人旅は？

　海外一人旅の経験が豊富な人であれば、女性一人でもまったく問題はない。事実、筆者もイラン国内で、男女問わず一人旅できた日本人旅行者ともよく遭遇する。ただ、やはり「イランならでは」の特殊事情も少なくはない。この本を読んで「ちょっと大変そうだな……」と思ったら、無理して一人で訪れるよりも、旅行会社でガイド付きツアーを組んでもらうほうが、心に余裕を持ってイランを楽しむことができるはず。

行けない地域はある？

　基本的に旅行で訪れる観光都市は治安が安定しているが、アフガニスタンやパキスタン、イラクなどの国境付近は治安が不安定な地域も多く、観光はもちろん、その地域を経由しての陸路での入国もおすすめしない。危険エリアなどの詳細は外務省の海外安全ホームページをチェック。

アメリカに入国不可になる？

　1978年のイラン革命以降、イランとアメリカは関係が非常に悪い。2023年8月現在、イラン入国歴がある人はアメリカ旅行時にESTAが利用不可で、観光ビザを取得する必要がある。ただ、イラン入国歴があっても、アメリカの観光ビザはスムーズに取得できる場合が多い。また、イスラエルもイラン入国歴があると入国が難しい国の一つだが、現在はイラン入国時にパスポートのスタンプは一切押されず、パスポートを見てもイラン入国歴の有無は基本的に誰も判断ができない点もお伝えしておきたい。

英語は通じるの？

　イランでは英語はあまり通じない。ホテルなど旅行関連施設では英語が流暢なスタッフがいたり、有名観光スポットでは英語での案内もあったりはするが、タクシーの運転手含め、基本的に街中では英語は通じない。かと言って、旅行のためだけにペルシア語を勉強するのも現実的ではないので、Google翻訳などの翻訳サービスやアプリを駆使して旅するのがおすすめ。ただ、タクシーの運転手は年配の方が多く、老眼でスマホの字が読めない、という人も少なくないので、ある程度の「言語を超えて思いを伝える」ための旅スキルが必要になってくる場合もある。

多くの観光スポットでは英語の解説がある

数字だけは覚えよう

　ペルシア語は難解なので、イラン旅行のためにペルシア語を覚えるのは現実的ではないが、数字だけは読めるようにしたほうがよい。というのも、スーパーなどの値札の数字も原則ペルシア語表記なので、値段が読めないと相当な不便を感じる。覚えておくのが最善だが、ペルシア数字解読表をさっと出せるように準備しておくだけでも、旅行がずいぶんと楽になる。

スーパーの値札の例。価格もペルシア語標記なので、ペルシア数字がわからないとかなり不便

Tips / 01

日本語ガイド＆専用車付きでもお値打ち価格

　イランは人件費とガソリン代が安いため、他国ではぜいたくなガイド＆専用車付きのフルパッケージツアーを気軽に利用することができる。90年代に多くのイラン人が日本へ出稼ぎに行った関係で、日本語を話せるイラン人が多いため、日本語ガイド付きツアーも例外ではない。ガイド付きツアーであれば、たとえ海外旅行未経験でもイラン旅行を120％楽しむことができるので、気になる方はイランに強い旅行会社に問い合わせてみよう。

イランはガソリン代が安く自動車産業も盛んなためかなりの車社会。旅行といえば車でのロードトリップが一般的だ

旅行計画のヒント

ベストシーズンは?

　イランのベストシーズンは春。といっても、イランにも四季があるので一年中どの季節でも楽しめる。春（3〜5月）は気候が穏やかで過ごしやすく、ペルシア庭園に咲き誇る花々がとても美しい。夏（6〜8月）は南部では40℃を超えることもあり非常に暑い。だが、空気が乾燥している分、多湿な環境で育った日本人からすると、不快指数はそれほど高く感じないかも。秋（9〜11月）は春のように気候が落ち着き過ごしやすい。とくに10〜11月は美しい紅葉が楽しめたり、サフランやザクロといったイランを代表する作物の収穫の季節だったりと春に劣らずおすすめ。冬（12〜2月）はイランでも旅行のオフシーズン。街頭の冬木に少し寂しさを感じるが、人気の観光スポットは比較的空いていて、ゆっくりと楽しむことができる。また、思い切ってスキーなどのウインタースポーツを楽しむのも一つの手かも。

イランの名産品である高級スパイスのサフラン。赤い雄しべを摘み取り、乾燥させてスパイスをつくる。秋に行けば収穫作業を見られるかもしれない

テヘラン、エスファハーン、ヤズド、シーラーズの4都市周遊がイラン旅行の黄金ルート

おすすめのルートは?

　初めてのイラン旅行なら、シーラーズから入国してヤズド→エスファハーン→テヘランと北上しながら4都市をまわるルートがおすすめ。このルートこそが「イラン旅行の黄金ルート」である。ただ、シーラーズまでのフライトがないケースも多い。そんなときは首都テヘランに入ってそのまま国内線でシーラーズまで飛び、そこから旅をはじめればいい。シーラーズを始点としてすすめるのには理由がある。テヘランは他都市と比較してかなり大きく、非常に混雑しているので、街をまわるのも比較的大変。その点、シーラーズはコンパクトなので、まずはシーラーズでイランの雰囲気をつかみ、慣れたうえでテヘランを攻めるのが効率的だからだ。

おすすめの旅行日数は?

　一番のおすすめは7泊10日のシーラーズ→ヤズド→エスファハーン→テヘランの4都市周遊プラン。たとえば金曜の夜便で日本を出発→日曜の夕方もしくは夜に日本に帰国する10日間の旅程であれば、首都圏の方なら平日1週間の有給休暇などでも存分に楽しむことができる。「さすがに10日間は休みが取れない……」という方には、5泊7日のシーラーズ→エスファハーン→テヘランの3都市周遊プランでも、イランの魅

力を十分に感じることができるだろう。たまに旅行会社で「シーラーズ&エスファハーン弾丸旅行！」のような2都市訪問プランも見かけるが、シーラーズ、エスファハーン、テヘランはそれぞれ異なった特徴や文化、歴史を持つ都市なので、せっかくイランに行かれるのであれば、この3都市はできるだけ訪れてほしい。

日本からの直行便はある？

2011年にイラン航空の直行便が廃止されて以来、残念ながら日本からの直行便はない。イランへ渡るには乗り継ぎが必要となるが、おすすめなのはまずはアラブ首長国連邦のドバイを拠点とするエミレーツ航空。同じくドバイ拠点のフライドバイと提携していて、ドバイからイラン各都市へのフライトが豊富で予定も立てやすい。次点でカタールのドーハを拠点とするカタール航空。ドーハからイラン各都市への便数はエミレーツ航空には劣るが、世界的にも評価が高い航空会社で、快適な空の旅が楽しめる。また、トルコのターキッシュ エアラインズもおすすめ。イスタンブール乗り換えとなり先出の2社よりフライト時間は伸びるが、価格的にメリットがあるケースも。

首都テヘランのイマーム・ホメイニー空港。1978年のイラン革命の指導者であり、現在のイランを建国した初代の最高指導者の名がつけられている

イランの航空会社はどう？

イラン航空やイランエアツアーズ、マーハーン航空といったイランの航空会社もドバイや北京、クアラルンプールなどとイランを結んでいる。ただし、経済制裁の影響などにより外国人の個人予約は不可で、旅行会社を通さないと予約ができない。機体のクオリティはエミレーツ航空やカタール航空よりも落ちるため、イランの航空会社を利用してイランへ行くメリットはあまりない。

かつて筆者がドバイ〜テヘラン間で利用したイランエアツアーズの座席。全体的にきれいではあったが、機内食含め可もなく不可もなくといった感じ

Tips / 02

困ったときは中国南方航空

エミレーツ航空やカタール航空などはドバイやドーハを経由して世界中の都市にアクセス可能なので、年末年始やお盆、GWなど繁忙期に日本を出発するときは価格も高騰しがち。そんなときに併せて調べておきたい航空会社が中国南方航空だ。同社には北京や上海発→ウルムチ（新疆ウイグル自治区）経由→テヘラン着という便が

あり、これだと繁忙期でも低価格でイランへ行ける可能性がある。筆者が2019年末に「こんなマニアックな便でイランに行く日本人はいないだろう」との思いで利用したところ、なんと同じ便で2人の日本人旅行者と遭遇！　マニアックな便を発掘してでもイランに行きたい3人の日本人、一瞬で仲よしになった。

準備・持ち物

ビザは必要？

　日本人がイランに入国するにはビザが必要になる。空路だと各空港でアライバルビザを取得できるが、陸路だとアライバルビザは出ないため、事前に各国のイラン大使館での観光ビザ取得が必須となる。

　イランはビザ関連のルールが突如変更されることもあるため、事前に東京にあるイラン大使館で観光ビザを取得しておくほうがなにかと安心だ。遠方の方もイラン大使館に出向く必要はなく、郵送のみで取得可能。事前取得ビザは3200円（2023年8月現在）。基本的に2週間もあればビザは取得できるが、余裕を持って出発1ヶ月前頃から手続きを開始するのがおすすめ。ビザの取得方法は「イランビザ　申請方法」などで検索してみよう。

コンセントは？

　イランでは一般的に「C型」と呼ばれるコンセントを採用している。ヨーロッパの多くの国で採用されている形状なので、変換プラグも容易に手に入る。電圧は220V。日本は100Vなので、日本からドライヤーやヘアアイロンなどを持ち込む際は変圧器が必要となる。なお、イランの中級以上のホテルはドライヤーを常備しているところが多い。

海外旅行保険は必要？

　イランは原則、旅行者の海外旅行保険の加入が義務付けられている。アライバルビザで入国する際は空港で強制的に加入させられるのだが、そうでない人は事前に加入しておくか、クレジットカード付帯の保険を利用しよう。ただ、制裁の影響などでアメリカ資本の旅行保険はイラン渡航では使用不可の場合があるので、そのあたりの確認も忘れずに。

持参すべきアイテムは？

　イランは非常に乾燥していて、日本ではなかなか体験できない「湿度5%」という境地に達することも。そのため到着当日から髪の毛はギシギシ、お肌はザラザラ、喉はイガイガと不快な思いをすることもある。対策として、使い慣れたヘアケアアイテムやのど飴、マスク、乾燥対策の乳液やハンドクリームがあると便利。ホテルにもアメニティとしてシャ

ンプーやトリートメントが用意されているが、間違いなく日本製のほうがクオリティが高いので期待しないほうがいい。

　また、街歩きで便利なのがGoogleマップ。イランの観光スポット情報もかなり充実していて、人気レストランや近くの観光スポットを探すうえでとても便利。イラン人もGoogleマップはよく利用しているようで、レビューや写真が豊富。訪れる価値の有無などもある程度、Googleマップの情報で判断できる。

イランではザクロの香りなど「ならでは」のトイレタリーグッズが豊富。様々なアイテムを試すのも楽しいが品質は日本製に軍配が上がる

持ち込み禁止のものは？

　イランはイスラーム共和国ということもあり、宗教的に持ち込みが禁じられているものも多い。たとえば、酒などのアルコール類やポルノ類はNG。こっそりとスーツケースに忍ばせて持ち込んだとしても見つかれば即没収で、最悪の場合は大きな問題に発展する可能性もある。要らぬトラブルを避けるためにも絶対に持ち込まないようにしよう。ただ、消毒用のアルコール類は通常使用の範囲量であれば問題はない。

　イランでは賭博行為も禁じられているので、トランプや麻雀なども持ち込みはNG。ドローンもテロ対策などの関係で持ち込みが許されない場合があるので、持っていかないほうが無難だ。イラン政府の批判に繋がるような日本の雑誌や新聞なども持ち込まないように注意しよう。

Tips / 03

イスラーム共和国ならではの
守るべき服装ルール

　イラン旅行で気をつけるべき代表的なルールが服装だ。女性はスカーフの着用が義務付けられ、胸元が開いた服や半袖、ハーフパンツや足が露出するスカートなどはNG。また、丈の長いトップスでヒップラインを隠す必要もある。男性の場合は半袖はOKだがハーフパンツはNGなので、夏でも長ズボンを着用しよう。

　このようにイランでは服装の規定が多いことは確かだが、イランの女性は工夫しながらオシャレを楽しんでいるようで、近年ではスカーフなしで外出する女性も見かけるようになった。とはいえ、旅行者がスカーフなしで出歩くのはおすすめしない。ルールで制定されている限りスカーフは必ず着用しよう。

上・イランはイスラーム色が強いイメージがあるかもしれないが、カジュアルなファッションを楽しむ女性も非常に多い／下・近年ではショッピングモール内などでスカーフを外す人が増えてきたので、法律順守のための「スカーフ着用」の案内掲示をよく目にするようになった

インターネットと通信事情

現地のネット環境は？

　日本の端末を持参した場合、キャリアによってはイラン国内での国際ローミングに対応しており、そのまま使うことは可能だ。ただ、料金が高くつく場合があるので、使用の可否や契約プラン、料金は事前に確認しておこう。なお、海外用のポケット型Wi-Fiはイランは未対応の場合が多い。

　では、Wi-Fi環境はどうかというと、イランのホテルやカフェなどではフリーWi-Fiを提供しているところが多い。ただ、通信速度が非常に遅いのであまり期待しないほうがいい。

　一番のおすすめは現地の旅行者用SIMカードの購入だ。料金は国際ローミングより格段に安く、通信速度はホテルなどのフリーWi-Fiよりも速い。都市間の移動中は圏外になることもあるが、街中でのカバー率は高く、快適に使用できる。

　ただし、政府のネット規制によって、イランからはX（旧Twitter）やFacebook、YouTubeなどに接続できない。旅情報が掲載されている日本のブログなども閲覧できない場合が多く、旅行において大きな障壁となるので、後述するVPNを使用して規制を回避するのが一般的となる。

SIMカードはどこで買える？

　旅行者用のSIMカードは空港で購入が可能。イラン・リヤルではもちろん、米ドルでも購入できる場合がほとんどなので、イランに到着したらまずSIMカードを入手しよう。もし空港のショップが閉まっていても、街中にSIMカードショップは多数あるので、ホテルのスタッフに近隣ショップを紹介してもらおう。

　SIMカードは3ドルほどで入手できる。その後、通信キャリアのサイトでデータ量に応じて料金をチャージするのだが、チャージの方法は旅行者には少々難しい。SIMカード購入時にその場でチャージが可能なので、旅行中に使用する分のデータを販売店でチャージしてもらおう。イランの通信料金は安価で、20GBでも2〜3ドルほどだ。

SIMカードは写真上のHamra he AvalもしくはHamra he Avalもしくは写真下のIran Cellのものを購入しておけばまず間違いない

VPNはどれを使えばいい？

　先述のとおりイランのネット規制はVPNで回避するのが一般的だが、有料のVPNサービスでもイランでは使用できないことがある。とくに近

年は使えないVPNサービスが増えてきている。用意していたVPNサービスが使用できなかった場合は街のSIMカードショップに相談してみよう。最近はVPNサービスを取り扱うSIMカードショップも増えてきており、端末の設定までしてくれる。

VPNなしでもイラン国内のタクシーアプリやGoogleマップ、Google翻訳などの最低限のツールは使用できる。だが、やはりVPNの使用可否で情報収集効率が大きく変わり、旅行の快適度に大きな影響を及ぼすので、使用できるに越したことはない。

日本の端末で現地SIMは使える？

日本で購入した端末をイランで使用する場合、その端末がSIMフリーかどうか出国前に必ずチェックしよう。SIMにロックがかかっている端末はイランのSIMカードを挿入しても使用できないからだ。また、イランには「国内で未登録の端末は年間30日間しか使用できない」というルールがある。長期滞在だったり、同年に複数回イランを訪れる人は注意が必要だ。端末を登録すれば31日目以降も使用できるが手続きは少々面倒なので、思い切って現地でイラン用のスマホを購入するのも一つの手。Galaxyのエントリーモデルであれば新品でも100ドルほどで購入できる。

イランのスマートフォンショップ。経済制裁下でもiPhoneはじめApple製品は人気なのでどこでも購入できる。ただし、割高感は否めない。イラン製のスマホもあるが、GalaxyやXiaomiなど世界的メーカー製を選んだほうが無難

Tips / 04

ちょっとしたお礼に便利な日本のお土産

イラン人は非常に親切な人が多い。旅行中、ホテルや街中、観光スポットなどで困っている素振りを少しでも見せれば、周囲のイラン人が助けてくれる場合も多い。

ただ、そのような「イラン人の親切さ」を前提に旅を進めるのに違和感を覚えたり、親切にされっぱなしではモヤモヤを感じる人も少なくはないはず。そんなときに便利なのが日本からのお土産だ。親切な対応を受けた際にさっと渡せるお菓子類などがあれば便利。一般的にチョコやクッキーはもちろん、梅関連の酸味系のお菓子が人気だ。逆にあんこや抹茶といった和風系のものや、イランではなじみの薄い魚系のお菓子は苦手な方も多いので注意が必要となる。意外なところでは日本製の高品質なドリップコーヒーもよろこばれることが多い。ただ、飲食物を渡す際はハラール（イスラーム法上で食べることが許されている食材や料理、または行い）などのルールに配慮することも忘れずに。

現地で役立つ旅のテクニック

チップは必要なの？

　基本的にイランにはチップの習慣はないので、レストランなどで渡す必要はない。ただ、チップを渡すシーンもある。たとえばホテルのベルスタッフが荷物を運んでくれた場合は1ドルほど、ツアーガイドを依頼した際は1人1日あたり5〜10ドルほど渡すのが一般的。ツアーガイドにチップを渡す際は最終日にまとめて渡すのがスマートだ。ほかにも特別であったりイレギュラーな対応をしてくれた際は気持ちとしてチップを渡すのがベターだろう。チップはドルではなくユーロ、イラン・リヤルでもOK。チップ用に1ドルや5ドル紙幣を多めに持っていると、いざというときなにかと便利だ。

イランの人とふれあうには？

　現地の人とのコミュニケーションは旅行の大きな醍醐味だ。イラン人とふれあうのはそう難しいことではなく、むしろ普通に歩いているだけで相手から声をかけてくれるケースが多い。とくに公園などでピクニックを楽しんでいる家族たちと目があえば、どうぞどうぞと混ぜてくれることもある。声をかけられたらこちらからも積極的にコミュニケーションをとってみよう。また、イランでは旅行者を自宅に招待してくれる方も多い。それもまたイラン旅行の魅力の一つなのだが、悲しいことにそれを利用して悪だくみをする人がいることも事実。家まで行くかどうかは、各自で慎重に判断しなければならない。

イランでは外国人は「一緒に写真を撮って！」と呼び止められることがとにかく多い。ある日、タクシーに乗っていると信号もないところで急に停車。「え!?　何事？」と思いきや、女性のドライバーさんが「よし、ここで写真を撮ろう！」というのでパチリと

守るべきマナーは？

　イランには「タアロフ」という「相手を敬い、立てる」という社交辞令のような文化がある。旅行中によく見るタアロフの光景としては、レストランに一緒に入る際は「どうぞ」と相手に先に入ってもらったり、タクシー降車時にドライバーが「お代はいらないよ」と料金を受け取らない素振りを見せたりすることなどが挙げられる。後者は本当に「お代はいらない」といっている訳ではなくタアロフなので、笑顔で「どうぞ」と料金を支払おう。

　また、先述の「自宅への招待」も代表的なタアロフの一つだ。ただ、外国人に対しては本気で招待している人も少なくないので、「どこまで

がタアロフか」を判断するのは難しい。目安としては、「お誘いを受けても丁重に断る」ことを2〜3回続けても、なお誘ってくる場合はタアロフではないと判断できる。

　タアロフはイランならではの文化の一つ。滞在時は意識してみるとおもしろい。

気をつけたい食事のルール

　イランはイスラーム共和国なので、豚肉や酒類の販売、飲食は法律で禁じられている。また、ラマダーン（ペルシア語ではラマザーン）と呼ばれる断食月では、日中の間の飲食が控えられ、多くの飲食店も日中は閉店する。旅行者は断食する必要はないが、期間中は公共の場での飲食は控え、観光客向けのレストランを利用しよう。なお断食月は西暦では毎年約10日間ずつのずれがあるので注意が必要。2023年は3月22日から、2022年は4月2日からの1ヶ月間だった。

左から／日本の和式のような旧式トイレ。地方の中級以下のホテルではまだまだ旧式のトイレが多い／テヘランの高級ショッピングモールのトイレは洋式。ホースもトイレットペーパーも完備され、とても清潔で快適

Tips / 05

イランのトイレ事情

　旅行者が戸惑うのがイランのトイレだ。イランには日本の和式のような旧式（写真左）と洋式（写真右）のトイレがある。数としては圧倒的に旧式が多いので、普段から洋式に慣れている人はきれいめなホテルやレストランなど、洋式が設置されていそうな施設のトイレを利用するのがよい。

　用を足した後、イランではトイレットペーパーは使用しない。備え付けの洗浄用ホースの水で手を使ってお尻を洗い、乾かすことなくそのまま下着を履く。これがイラン式だ。手でお尻を洗ったり、濡れた状態で下着を履くのは抵抗があるかもしれないだろう。だが、トイレにはほぼ100％手洗いソープがあるので手はきれいにできるし、イランの空気は乾燥しているので乾きも早い。慣れれば「お尻を毎回シャワーで洗

地方のゲストハウスのトイレに備え付けられていたアフタベ。デザインに愛くるしさを感じてしまう

う」ような感覚になり、かなり快適に感じる。

　なお、ホースではなく水差し（下写真）が設置されているトイレもある。これは「アフタベ」と呼ばれるもので、ホースが設置される前はこれを使用してお尻を洗っていた。アフタベもまた、イランを感じるアイテムの一つでもある。

　最近はトイレットペーパーが設置されているトイレも多い。ただし、トイレットペーパーは便器に流せないのでトイレ内のゴミ箱へ捨てること。ローカルなトイレにはトイレットペーパーがないこともあるので、ティッシュをカバンに忍ばせておくと安心だ。

お金と両替について

イランの現地通貨

　イランの通貨はイラン・リヤル（IRR/Rls）。2023年9月現在、実勢レートで10,000イラン・リヤル＝2.9円。市中ではリヤルとともにトマンという単位も使用するので注意が必要。10リヤル＝1トマンとなる。市中での価格表記はリヤル（ريال）とトマン（تومان）表記が混在しているので、文字を覚えるか、店員さんに「リヤール？　トマーン？」と聞いてみよう。

両替レートは複数ある

　イランでは両替レートが複数存在し、代表的なものでは政府が決める「公定レート」と市場で一般的に使われる「実勢レート」がある。基本的に街中では実勢レートが採用されているが、両替アプリなどは公定レートで計算される場合があるので注意が必要。

　2023年8月時点でのレートは、
・公定レート：1ドル＝約4万2000リヤル
・実勢レート：1ドル＝約49万リヤル
と、10倍以上のかなり大きな開きがある。

　イランの為替は非常に不安定で日単位で大きく変動する場合がある。最新のレートはbonbast.comでチェックするのがいい。

街中で見つけたパン粉。値札には最下段に تومان（トマーン）と書いてあるので、この商品の価格は65,000トマンとなる

持っていくのは円？　ドル？

　イランでは日本円は両替し難く、両替できたとしてもレートが悪い場合が多い。また、日本でも円→イラン・リヤルの両替は難しいため、イランに行く際はUSドルないしユーロを持ち込むのが一般的。イラン・リヤルが手元に残ったとしても、リヤル→USドルorユーロの両替は非常にしづらいため、イラン・リヤルは使い切ってしまうのがおすすめ。

クレジットカードは使用不可！

　イラン旅行における難点の一つがVISAやMastercardといった国際的なクレジットカードが使用できないこと。クレジットカードを用いてのショッピングもキャッシングも不可ということだ。トラベラーズチェックも未対応だし、日本の銀行預金の引き出しも不可、口座に紐付けられているデビットカードも使用できない。つまり、イランで使用するお金はすべてUSドルないしユーロの現金で持ち込む必要がある。イランの通貨価値は相対的に低く、高額を両替するとかなりの量の札束を持ち歩かないといけなくなるので、防犯上でも注意が必要となる。

イランのデビットカード

　クレジットカードが使用不可の状況でおすすめなのがイランの銀行が発行する旅行者専用のデビットカードだ。到着1週間前までにサイトで申し込み、受け渡しの日時およびホテルなど場所を指定しておくとスタッフがわざわざ届けてくれ、その際にドルないしユーロを渡すとその額のイラン・リヤルをチャージしてくれる。その後のチャージは両替店などでの両替時、現金を受け取る代わりにデビットカードと紐付いた銀行口座に振り込んでもらうことで可能となる。このデビットカードはイラン国内のほとんどのお店で使用できるため旅行もかなり快適になる。Mah Card (https://www.mahcard.com/) やDaric Pay (https://www.daricpay.com/) がおすすめ。

発行手数料が20ユーロほど必要だが、あれば便利な旅行者用のデビットカード。上はMah Card、下はDaric Pay

両替はどこがおすすめ？

　両替は空港ないし市中の両替ショップで行う。市中のほうがレートはよいが、空港も決して「悪すぎる」ということはない。街中の両替ショップはGoogleマップで「exchange」と検索すればヒットする。

　注意点としては金曜日は両替ショップが休みであること。また、他の曜日に行っても、「今はキャッシュがないから無理」と断られることもある。その場合はホテルで両替をお願いしてみよう。それも難しければ、ドルやユーロでも支払いを受け付けてくれるお店もあるので、その日はそれで乗り切り、後日再度両替ショップへ、という手もある。路上で営業しているのは闇両替屋で、だまされる可能性もあるので基本的にはおすすめしない。

街中の両替ショップ。両替ショップは何軒か固まっていることが多いので、複数まわってレートのよいショップを見つけよう

イランの紙幣たち。右下の数字のように、イランでは飲食店のメニューなどでも「80」や「230」といった価格表記もよく使用される。これは「トマン表記の下三桁（＝リヤル表記の下四桁）を省いた金額」となり、80＝80,000トマン（800,000リヤル）となる。

Tips / 06

とにかく桁が多い！ イランの通貨

　イランの通貨は年々価値が下がっており、それに伴って紙幣の額は大きくなっている。2023年現在、一般的に市場で流通している紙幣では100万リヤルが最高額面だが、それでも価値としては日本円に直すと2023年現在で300円ほど。つまり、イラン滞在中はかなりの札束を持ち歩かなければならないことになる。ゼロの数が多いため、瞬時に「何リヤル紙幣か」を判断するのが難しく、お会計時はとても焦る。慣れるまでは時間がかかるので、旅行はじめの数日間はとくに気をつけたい。

　ちなみにイラン人はほぼ100％、現地のデビットカードで買い物をしているので、札束を持ち歩いている人は少ない。

とても快適で外に出たくなくなる!?

イランの宿泊施設

海外旅行の醍醐味の一つが
異国情緒を堪能できる宿泊施設でのステイだ。
イランのホテルは大きく3つのカテゴリに分けることができる。
自分の旅のスタイルに合った宿泊施設を探してみよう

イランを訪れるならぜひ!

ヒストリカルホテル

左・エスファハーンのホテル、Keshish Houseの中庭とテラス。多くのヒストリカルホテルは部屋のドアを開けるとすぐ中庭にアクセスできる造りとなっている／下・テヘランのラザーズホテルのスイートルーム。19世紀の宮殿をモチーフとした内装や家具が印象的／ヤズドのダードホテル。ライトアップに凝ったヒストリカルホテルも多く、夜まで楽しい

　イランの宿泊施設でもっともおすすめなのが、伝統的なお屋敷などの家屋をリノベーションしたヒストリカルホテルだ。イランでは2010年代後半からお洒落なヒストリカルホテルが急増しており、どのホテルも大変美しく、中庭を囲むように客室がある造りが特徴。ティータイムなどは中庭でまったりと過ごすことができるが、快適すぎて「観光に出る時間がない!」という事態に陥らないように気をつける必要さえある。
　各ヒストリカルホテルは内装にもこだわりを見せ、19世紀の貴族の邸宅をモチーフにしたようなリッチかつお洒落な部屋にも宿泊できる。各都市のダウンタウンの中心に位置し、主要観光スポットから徒歩圏内というヒストリカルホテルも多いので探してみよう。1泊80〜200ドルほど。

テヘランの5つ星シティホテル、Azadi Hotel。イラン革命前にアメリカのハイアットグループが建設した豪華ホテルだが、革命後はイランの企業によって運営されている

自室でゆっくり休みたいのなら
シティホテル

　イランのシティホテルは、日本のシティホテルと比較して部屋が広く、ゆったりと過ごすことができる。ただ、建物自体は新しそうでも、内装は全体的に少し古くささを感じるホテルも多い。お値段はヒストリカルホテルよりも安く、5つ星でも1泊100ドル未満で泊まれるシティホテルもある。おもに自室のプライベート空間でゆっくりくつろぎたいのであればシティホテルがおすすめ。

安くて快適で密な時間を過ごせる
ゲストハウス

　イランは欧州からのバックパッカーも多く、ドミトリーを備えたゲストハウスも豊富。現代的なお洒落なゲストハウスから伝統的なヒストリカルタイプまで種類も多い。ドミトリーであれば1泊5〜15ドルとコスパはかなりよく、シングルの個室でも1泊20〜30ドルほどで泊まれるお洒落なゲストハウスもたくさんある。スタッフとの距離が近く、旅行情報を収集しやすいのがゲストハウスのいいところ。

ヤズドのFriendly Hostel。もともとお洒落なゲストハウスはイランには少なかったが、2015年の核合意による経済制裁の撤廃が決定した頃から、各都市で増えてきている印象

Tips
イランのホテルの予約方法

　イランの宿泊施設はBooking.comやExpediaなどの世界規模のホテル予約サイトは未対応となっている。しかし、Trip.comやHostelworldなどは予約可能なのでそれらで予約するのがよい。施設によってはInstagramのDMで直予約できることも。支払いは基本的には現地でドルないしユーロ払いとなる。ただ、他国と比較するとネット予約可能なホテルは限られていたり、直接の問い合わせだと手間がかかるので、旅行会社にお願いするのもおすすめだ。

イランでもっとも有名なホテル、エスファハーンのアッバーシーホテルのレストラン。せっかくのイラン滞在だ、ゴージャスな時間も過ごしたい

移動を制する者は旅行を制す！
イラン 移動マニュアル

イランはタクシーにメーターがなかったり、
制裁の影響で国外からの移動手段の予約が難しかったりと、
移動関連の旅レベルは少し高め。ただ、交通費は安価で、
基本をマスターしておけば快適に旅ができる

イラン国内 市内移動

🚕 TAXI タクシー

　イランのタクシーにはメーターがなく、料金は基本的に交渉制なので外国人は大変。そんなときに活用したいのがタクシーの配車サービスだ。複数あるが、とくにおすすめなのが業界最大手のSnapp!（エスナップ）。2023年現在、Androidはアプリで、iPhoneはブラウザ版で使用が可能となっている。マップ上で迎車地点と目的地を指定すると、自動的に料金が計算されるという明朗会計、しかも普通のタクシーよりも安いという神サービスだ。迎車地点を人が大勢いる場所などに設定すると、ドライバーから「どこにいる？」とペルシア語で着信がきてあたふたしたり、地図上で目的地がなかなか見つからず設定に時間がかかったりすることもあるが、コツをつかめばかなり快適にイラン旅行を楽しむことができる。

Snapp!（エスナップ）のスクリーンショット。ドライバー情報などは一部ペルシア語表記だが基本的には英語に対応している。数字だけでもペルシア語を読めると、ナンバープレートから手配した車両を特定できるのでさらにスムーズに利用できる

タクシーは多くの国と同じく黄色。だが、Snapp! は自家用車を用いたライドシェアサービスなので車種も様々。乗車時は間違えないように注意しよう

🚈 メトロ

　テヘラン、エスファハーン、シーラーズなどの大都市ではメトロも運行されていて便利。とくにテヘランは通勤帯など時間によっては渋滞がかなり酷いため、時間帯によってタクシーとメトロを使い分けるスタイルがおすすめだ。市内バスは安価だが、路線が非常にややこしいのであまりおすすめしない。

イラン国内 長距離移動

🚌 長距離バス

　都市間移動でもっとも便利なのは長距離バス。どの街にも主要バスターミナルがあり、主要都市間であれば1日に何本も出ていて当日でも予約なしで乗車できる。長距離バスはVIPランクの3列シートが標準で、座席は広く長時間でも快適。テヘランやエスファハーンなどの大都市には複数のバスターミナルがあり、目的地によってターミナルが異なるので注意が必要。旅行会社を通して事前予約も可能だ。

一般的な3列シートのVIPバス。内装はレトロ感が漂うが空調も効いていて快適だ

🚃 鉄道

　イランでは鉄道の旅も人気。とくにテヘラン～マシュハド間は5つ星の寝台列車も多数走っていて、車窓からの景色をゆっくりと楽しむことができる。5つ星だと基本的に4席1キャビンで、内装はとてもきれいで高級感もある。夜は座席の部分がベッドとなる。もちろん食事付き。5つ星の列車となると非常に人気のため事前予約は必須。原則、外国人は個人で予約ができないので旅行会社にお願いしよう。

テヘランとマシュハドを結ぶ一番人気の5つ星寝台列車『ファダック』。設備は清潔でとても快適だ

✈️ 飛行機

　限られた時間を有効活用するのであれば飛行機も便利。ただ、テヘランやマシュハド発着便はデイリーで飛んでいるが、その他の都市間は本数がそれほど多くはなく、全般的にキャンセルや遅延も少なくはない。また、他国と比較して予約開始のタイミングが遅かったり、ハイシーズンはすぐに完売することも多い。イランの国内線も外国人の個人予約は難しいので、旅行会社経由での予約が一般的だ。

イランの航空会社、イランエアツアーの機体。イランエアツアーの親会社はイラン航空（イランエアー）。両会社は名称もロゴも似ており、国内線・国際線ともに飛ばしている。間違いやすいので注意

安心して楽しむために

イラン旅行で気をつけること

基本的にイランは旅行で訪れる国としては安全。
ただ、当然ながら日本とは事情が異なるので注意点はいくつかある。
それらを事前に把握して対策を心がけ、
安全にイラン旅行を楽しもう！

夜のヤズドの下町。趣のある雰囲気なので思わず夜のお散歩にも出かけたくなるが、人通りが少ない夜道の外出はあまりおすすめできない

スリやひったくりには十分注意

　イランは街中での巡回警察が多く、治安は想像以上によい。しかし、近年スリやひったくりなどの被害が増加傾向にある。とくに標的になりやすいのが小さくて高価なスマートフォン。歩きスマホをしていたところスパッとひったくられ、犯人はそのままバイクで逃走というケースが多い。スマートフォンはショルダーストラップをつけて使用したり、路上では壁に向かって使用するといった対策をしたい。また、カメラも街歩きの際は首にかけずバッグに入れ、撮影時のみ出して使用するのがベターだ。

ひと気のない場所は昼夜問わず避ける

　イランは夜でも街中はにぎわっているので基本的に夜間の外出も問題はない。ただ、ひと気が少なく、なにかあっても助けを呼べない場所に行くのは昼夜ともに避けたい。とくに下町は路地が狭く、ひと気が少ないことも多々あるので、そのようなところで宿泊する際は夜間の外出は控えよう。

残念ながら痴漢は少なくない

　女性旅行者から度々声が上がるのが痴漢の被害。バザールなどの人混みを歩く際はお尻をバッグなどで隠しながら歩くなどの対策が必要だ。また、よくあるのがタクシー内での痴漢被害。たとえばスーツケースをトランクではなく後部座席に置き、運転手の手が届く助手席に座るのをすすめられた際は必ず断り、別のタクシーを探そう。

撮影禁止の場所が多い

　イランではテロやスパイ対策などで、撮影禁止の場所が多い。政府関連施設や警察、駅、空港、発電所、そして石油などエネルギー関連施設などは撮影を避けたほうがいい。また、ドローンでの撮影もおすすめしない。もしも警察に止められたら必ず速やかに撮影を停止すること。

交通事情が非常にカオス

　イランの交通事情は控えめにいってもカオス。歩行者は基本的に「横断歩道を渡る」ことはせず、車の流れをかき分けて道路を横断する。道路の横断は初見ではかなり難しいので、近くのイラン人にぴったりとくっつくように渡るのがよい。車はもちろんだが小型バイクにも要注意。とくに都市部は交通渋滞がひどいので小回りの効く125ccのバイクが重宝されている。バイクは道路だけでなく、歩道やバザールなどの通路も駆け回る。予期せぬ方向から、しかも無灯火で向かってくることもあるので、街歩きの際は注意しすぎるに越したことはない。このような状況なので、海外旅行先でレンタカーを頻繁に利用する人でも、イランでは使用しないほうがいい。

左から／もはやイランに「車線」という概念が存在するのかどうか怪しい／イランでよく見る125ccのバイク。道路はもちろん、歩道や公園内の通路など、どこでも走る

情勢が一変することも

　イランは政治・国際関係が不安定な国なので、情勢が突如一変する場合がある。近年だと2020年1月、革命防衛隊幹部のソレイマニ氏が米軍により暗殺された際は、国中がいっせいに喪中となり、観光スポットもほとんど臨時休業に。日本の外務省の危険レベルも数日後には「渡航中止勧告」に引き上げられた。また、2022年9月のマフサ・アミニ死亡事件の際は、事件発覚から数日のうちに政府に対する抗議活動が全国に拡大した。このように突発的に国内の情勢が不安定化する恐れもあることから、有事の際は迅速に対応できるよう、イラン滞在中はつねにニュースには気を配るようにしよう。

旅行に使えるので覚えたい！
ペルシア語フレーズ集

前述のように基本的にイラン旅行でペルシア語スキルは必要ない。
しかし、少しでも覚えておけば、イラン旅行が何倍も楽になるし、楽しくもなる。
ここでは「旅行で使える」ペルシア語に絞り、
いくつかのフレーズを紹介しよう

ペルシア語の数字

	ペルシア語	アラビア語	
0	٠		セフル
1	١		イェク
2	٢		ド
3	٣		セ
4	۴	٤	チャハール
5	۵	٥	パンジュ
6	۶	٦	シシュ
7	٧		ハフト
8	٨		ハシュト
9	٩		ノ
10	١٠		ダ

　数字を覚えておくと買い物時にとても便利。注意点としては、「4」「5」「6」はアラビア語での数字表記も頻繁に使用されるのでこちらも覚えておこう。なお、ペルシア語は原則「右から左」に書くが、数字は「左から右」となるので気をつけて。

ペルシア語のあいさつ

　あいさつの言葉は覚えておきたい。イランでは人と会うと大体「元気？」と聞かれるので「元気です。ありがとう！」と答えよう。「ありがとう」は言い方がたくさんあり、フランス語と同じく「メルシー」もよく使用される。日本語では「すみません」をよく使うが、イランでも「ベバフシー（ド）」は汎用性が高く、謝るときにも店員を呼ぶときにも使える。

سلام
（サラーム）
こんにちは

خواهش می‌کنم
（ハーヘシュ ミコナム）
どういたしまして

خوش بختم
（ホシュ バフタム）
初めまして

ببخشید
（ベバフシー［ド］）
すみません

حال شما چطوره؟
（ハーレ ショマー チェトレ？）
調子はどうですか？

خسته نباشید
（ハステナバシ（ド））
おつかれさま

خوبم
（フバム）
元気です

خداحافظ
（ホダー ハーフェズ）
さようなら

خیلی ممنون
（ヘイリー マムヌーン）
ありがとう

街中で 使えるフレーズ

バザールでの買い物時は価格交渉がつきもの。まずは「チャンデ？」からはじめてみよう。イランは親日家が多いので「ジャポニー」というと距離が近くなることも多い。街中ではよく「アクス！」と声をかけられる。これは「一緒に写真撮って！」という意味だ。イランは乗合タクシーが多いが「ダルバスト」といえば貸切となる。

لطفا
（ロトファン）
お願いします

چنده ؟
（チャンデ？）
いくらですか？

گران / ارزان
（アルズーン / ゲルーン）
安い / 高い

ژاپنی / ژاپن
（ジャポニー / ジャポン）
日本人 / 日本

خوب
（フーブ）
いいね

خوشمزه
（ホシュマゼ）
おいしい

عکس
（アクス）
写真

دربست
（ダルバスト）
貸切

使うと「おっ！」と 驚かれるフレーズ

これらのフレーズは非常に「イランらしい」言葉で、外国人が口にするとよろこんでもらえることが多いので使ってみよう！「ガーベル ナダレ」は直訳が難しいが、よくタアロフ（P.038）で使用される表現。たとえば「あなたの時計、かわいいね」といわれた際に「ガーベル ナダレ」といいながら時計を差し出すと、「つまらないものですがよろしければどうぞ」というタアロフになる。「ダステ ショマー ダルド ナコネ」はていねいでイラン人らしい感謝の表現。「バ エジャーゼ」「ザフマト ダーディーム」はお宅訪問時に使用する言葉だが、ピクニックに混ぜてもらった際などにも使用できる。「アハレシュ チャンド？」は買い物での価格交渉時、最後の切り札としていってみよう。店主もドキッとして、サービスしてくれるかも？ イランでは日本のアニメが人気で、日本語を単語レベルで話せる人も多い。日本語を聞いたら「アーファリン！」といってみよう。

بفرمایید
（ベファールマイー[ド]）
どうぞ

قابل نداره
（ガーベル ナダレ）
つまらないものですが

دست شما درد نکنه
（ダステ ショマー ダルド ナコネ）
ありがとうございます

با اجازه
（バ エジャーゼ）
お邪魔します

زحمت دادیم
（ザフマト ダーディーム）
お邪魔しました

آخرش چند ؟
（アハレシュ チャンド？）
ラストプライス？

آفرین
（アーファリン）
よくできました

یک لحظه لطفا
（イェック ラフゼ ロットファン）
ちょっと待ってください

知っておけば旅がもっと
楽しくなる

観光スポットで学ぶ

02. イランの歴史

　イランの歴史、それはひと言では表せないほど長く、そして濃い。東西世界をつなぐシルクロードの中継地であるこの地では、様々な文明や民族が交わり続けてきた。何千年も前に文明が誕生して以降、数多くの王朝の勃興と滅亡を繰り返し、現在はイラン・イスラーム共和国という国になっている。現国家であるイラン・イスラーム共和国はイラン革命により1979年に誕生し、歴史はあまり深くはない。ここでは人気が高い観光スポットにフォーカスを当てることにより、時代別、宗教別にイランの歴史を紐解いていこう。

アケメネス朝時代の遺跡、ペルセポリスの入り口となるクセルクセス門

古代 ペルシア帝国の繁栄

　紀元前二千年紀の終わり頃、アーリア人（現在の「イラン」の語源でもある）がイラン高原で定住をはじめる。紀元前6世紀にはキュロス2世がアケメネス朝を開くと、瞬く間にその勢力は拡大。メソポタミアやエジプトを併合し、ペルシア帝国として古代オリエントを統一、世界の大国となる。この時代こそが現在の「イラン」という概念の大きなバックグラウンドとなっている。

中世 イスラーム化

　ペルシア帝国の衰退後、アラブ世界で力をつけたイスラーム勢力が7世紀にイランを征服し、イランも徐々にイスラーム化する。11世紀頃にはテュルク系のセルジューク朝、13世紀頃にはモンゴル系のイルハーン朝などの他民族国家がイランを支配することとなるが、行政や統治などの実務部門はペルシア人の官僚が行うことで、独自の文化は守りつつも他文化との融合を重ね、多様な文化へと発展していくこととなる。

モスクだけでなく、宗教的な偉人を祀る霊廟もイラン各地に存在し、現在も多くの礼拝者が訪れる

サファヴィー朝の中心地として栄えたエスファハーンのナグシェ・ジャハーンは、イラン旅行でもっとも人気の高い観光地の一つ

近世　サファヴィー朝の繁栄

　16世紀に勃興したサファヴィー朝はイランの歴史における大きなハイライトとなる。5代目の王、アッバース1世の時代に首都となったエスファハーンは「世界の半分」と称されるまで繁栄し、独自の華やかな芸術文化が発展した。なお、現在国教に制定されているイスラーム教シーア派（12イマーム派）は、この時代に国教として制定された。

近代　西洋の文化との融合

　2世紀以上続いたサファヴィー朝の崩壊後、イランは混乱期に陥る。18世紀後半にガージャール朝が統一するが、19世紀には工業化が進み、世界的な力を持つ欧州諸国がイランに目をつける。ガージャール政府は近代化を進めるなかで国内の利権を欧州諸国に切り売りした結果、国内からの大きな反発が生まれ混乱の時代へと入る。しかし、文化の面で見ると、近代化においてペルシア文化と西洋の文化や思想が融合することで、新たな美しい文化も生まれることとなる。このあたりは幕末から明治にかけての文明開化期の日本と通ずる点も多く見受けられる。

ガージャール朝時代に栄えたタイルアートと人物画。この時代には王族はじめ、女性をモデルとした絵画も多く描かれた

イランのバザールでの一枚。現在も革命記念日前後は政府によって街のいたるところに国旗が掲げられる

現代　急速な西洋化と革命

　20世紀はじめに誕生したパフラヴィー朝は、西洋諸国と肩を並べるべく、中央集権のもとイランの世俗化、近代化を進める。1960年代に豊富な石油資源とアメリカの支援のもとで行った「白色革命」はその代表的な例。だが、その柱であった原油価格の下落の影響などで近代化政策は失敗に終わり、国内では労働者階級、宗教指導者を中心に反王政運動が高まりを見せる。そして1979年にはイラン革命が起き、シーア派の宗教的指導者であるホメイニーが最高指導者となる現在のイラン・イスラーム共和国が成立した。

イラン文明の幕開け
ペルシア帝国以前

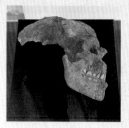

イランの古代史は世界的に見ても古い。メソポタミアやエジプト文明と同様に「肥沃な三日月地帯」の一部を成すイラン南西部のスーサでは、紀元前4000年頃から定住生活がはじまる。南西部でエラム文化、南東部ではジーロフト文化、また中央部ではザーヤンデ川文化など、各地域でそれぞれの古代文化が栄えた。

イーラーム地方で発見された新石器時代（紀元前7000年）の頭蓋骨

Tepe Sialk
テペ・シアルク

تپه سیلک

テペ・シアルクはカーシャーン郊外にある遺跡。古くは紀元前6000年頃のザーヤンデ川文化に遡るとも考えられていて、紀元前3000年前のジッグラト（神殿に付属して建てられた巨大な塔）が今も残る。当時の埋葬方法で弔われた人骨等が展示されていたり、実際にジッグラトに登ることでその歴史を感じることができる。

「テペ」とはペルシア語で「丘」の意味。カーシャーン市内から近くアクセスもよい

Shahr-e Sukhteh
シャフレ・ソフテ

شهر سوخته

アフガニスタンとの国境近くにある紀元前3000年頃に栄えたジーロフト文化の都市遺跡。テヘランのイラン国立博物館に所蔵されている写真の土器は、この遺跡から出土した紀元前約3000年のもの。周囲には躍動感のある動物の絵がコマ送りで描かれており、世界初のアニメーション画ともいわれている。

地理、治安的にシャフレ・ソフテは若干訪れにくいが、出土品ならば各地の博物館で見ることができる

Chogha Zanbil
チョガ・ザンビール

چغازنبيل

ペルシア帝国出現以前からイラン南西部のフーゼスターン州を中心に栄えたエラム王国のジッグラト。紀元前1200年頃にエラムの王によって建設されたこの遺跡は当初は高さ50メートルまであったと考えられている。現在は25メートルほどだが保存状態は良好でエラム王国時代の建築美を見ることができる。

エラム文明は近隣のメソポタミア文明とも関連性が深い。この時代の遺跡としては良好な状態で残されている

Susa シューシュ

شوش

フーゼスターン州にあるシューシュ（スーサ）はエラム王国やアケメネス朝時代には都として繁栄した重要な都市。世界遺産だが現在では現地にあまり遺跡は残っていない。出土品は各地の博物館などで堪能できて、写真の土器は紀元前4000年頃の出土品。現代の目で見ても高いデザイン性を感じられる。

テヘランのイラン国立博物館にもシューシュの出土品が多く並ぶ

Qanat カナート قنات

カナートは乾燥地帯が多く、水資源が貴重なイランで約3000年前に開発された灌漑施設。地下に張り巡らせた水路を通じ、蒸発を防ぎながら各地に水を運ぶ。古代ペルシアが栄えた要因の一つがこのカナート技術の恩恵ともいわれ、「ペルシア式カナート」として世界遺産に登録されている。

イラン東部にある、世界最大にして最古のゴナーバードのカナート。マシュハドからタクシーなどで訪れることができる

最盛期を築いたアケメネス朝の
王、ダレイオス1世のレリーフ

イランの「原点」
ペルシア帝国

　ペルシア帝国の時代こそイラン史のハイライト。紀元前6〜紀元前4世紀のアケメネス朝、3〜7世紀に栄えたサーサーン朝時代はその後のイランに大きな影響を与えた。この時代に高度な行政システムが確立されたことにより、他民族の支配から独自の文化を守ることができた。古代オリエントを統一したという誇りは現在にも受け継がれている。

世界遺産

Pasargadae
パサルガダエ

پاسارگاد

　パサルガダエ（ペルシア語でパサルガード）はアケメネス朝ペルシアの初代王キュロス2世の時代の都でキュロス2世の墓が現存する。ペルシア帝国のはじまりの地であり、初代の王の埋葬地であるこの地は「ペルシア人」のアイデンティティの象徴としても大きな意味を持ち、現在も多くのイラン人が訪れる。

パサルガダエの中央部に堂々と建つキュロス2世の墓。とくにノウルーズ（イランの新年）には多くのイラン人でにぎわう

世界遺産

Persepolis ペルセポリス

تخت جمشید

　ペルセポリス（ペルシア語でタフテ・ジャムシード）はアケメネス朝の都。アフリカからインドに広がる属国の使者たちが王への謁見に集結した、まさに当時の「世界の中心」であった場所である。ペルシア帝国がもっとも栄えた時代の遺跡で、ダレイオス1世の時代に建設された宮殿群が残る。

「中東の3P遺跡」の一つとして歴史好きからの人気が高いペルセポリスには見応えのある遺跡が多い。ちなみに残り二つはシリアのパルミラの遺跡とヨルダンのペトラ遺跡

نقش رستم

Naghsh-e Rostam
ナグシェ・ロスタム

ペルセポリス近くに現存する、ダレイオス1世をはじめとするアケメネス朝の4人の王たちの墓。サーサーン朝の王シャープール1世がローマ皇帝に勝利した光景を描写したレリーフも残っている。壁面に大きく掘られたその迫力やレリーフの内容からも、古代ペルシア帝国が持っていた力の大きさを実感できる。

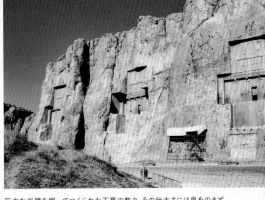

巨大な岩壁を掘ってつくられた王墓の数々。その壮大さには息をのまずにはいられない

Bisotun ビソトゥーン

بیستون

イラン西部ケルマーンシャー近郊のビソトゥーンにはアケメネス朝の王ダレイオス1世にまつわる碑文が残る。彼の自伝や戦記がエラム語、古代ペルシア語、アッカド語にて記されており、いかに広範囲に彼の力が誇示されていたのか感じられる。この文面はそれぞれの言語を解読する際に大きな役目を担った。

碑文は高い位置の岩壁を削って掘られている。肉眼では見えづらいため、オペラグラスがあれば便利だ

Shushtar シューシュタル

شوشتر

イラン西部のシューシュタルは古代から続く要塞都市で世界遺産の歴史的水利施設がある。カールーン川が流れるこの町にはサーサーン朝時代に大きなダムが建設され、カナートを通じて水を安定供給することで周辺地域の発展に大きく貢献した。現在もこの施設は稼働中で、内部の構造なども見学できる。

現在も稼働中の水利施設の全景。無数につくられた滝が生み出す水力は、かつては発電にも使用されていたという

歴史上最大の「文化的融合」
イスラーム化

イランの文化を構成する2大要素がペルシアとイスラーム。7世紀にアラビア半島で誕生したイスラーム勢力はイランまで拡大し、ゾロアスター教を国教としていたサーサーン朝を滅ぼすと、イランも徐々にイスラーム化する。以降は異なる宗派のイスラームが信仰され、16世紀サファヴィー朝の時代にシーア派（12イマーム派）が国教となった。

イスラーム教シーア派の聖地、マシュハドのモスクには昼夜問わず多くの巡礼者が訪れる

Imam Reza Shrine
イマーム・レザー廟

حرم امام رضا

イランサ北東部の街、マシュハドはシーア派でもっとも重要な聖地の一つ。中心はハラムと呼ばれる宗教的複合施設で、8代目イマーム（宗教的指導者）のイマーム・レザーを祀る霊廟には世界中から巡礼者が集まり、彼の死を嘆き、祈る。マシュハドがイラン第二の都市であることからも、この国で宗教がいかに大きな意味を持つかわかるだろう。

イマーム・レザー廟の内部。中央奥にイマーム・レザーの棺が納められており、その場所に触れ、祈るために押し寄せる人々の波が独特の熱気を生む

Fatima Masumeh Shrine
ファーティマ・マスメ廟

حرم فاطمه معصومه

マシュハドに次ぐ宗教都市ゴムに建つ、イマーム・レザーの妹であるファーティマ・マスメを祀る霊廟。こちらにも世界中から多くの巡礼者が訪れる。イランでは「イマームザデ」という名がつく宗教施設が多いのだが、これはイマームの親族が祀られた霊廟を意味し、このファーティマ・マスメ廟もその一つ。

ゴムはエスファハーンとテヘランの間に位置するため、両都市間の移動中にも訪れやすい。ゴムなどの宗教都市は、観光都市とは異なる独特の雰囲気に包まれているため、時間が許すならぜひ訪れてほしい

近世ペルシア文学が花開く

ペルシア文芸復興

　イスラーム化はイランの文化に大きな影響を与え、ペルシア語がアラビア文字表記となったのもイスラーム化の影響である。サーサーン朝滅亡後しばらくはアラブ勢力の直接的支配によりペルシア文化の発展に陰りが出たが、9世紀頃からはアッバース朝のもと各地でペルシア系の王朝が実政を執るようになり、ペルシア独自の文学も発展を遂げた。

Tomb of Ferdowsi
フェルドウスィー廟

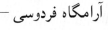
آرامگاه فردوسی

フェルドウスィー（934〜1025年）

　11世紀はじめに活躍した詩人、フェルドウスィーは、ペルシア文学のみならず、世界の文学史でももっとも偉大な人物の一人とされる。彼の出身地であるイラン北東部の都市マシュハド近郊のトゥースという町には彼の霊廟が建てられている。彼の代表作であるペルシアの神話や伝記の集大成『シャー・ナーメ』は、イラン人のアイデンティティの象徴的な存在ともなっており、この霊廟も1930年代にペルシア民族主義的な政策を進めたパフラヴィー朝のレザー・シャーの肝入り政策として建てられた。霊廟の形もペルシア帝国の初代王キュロス2世の墓（パサルガダエ）を彷彿とさせるアケメネス朝式という点も興味深い。霊廟の内部は博物館になっており、『シャー・ナーメ』関連のレリーフや絵画などが多数展示されていてその世界を堪能できる。

アケメネス朝式建築で建てられたフェルドウスィー廟

『シャー・ナーメ』に登場するロスタムとドラゴンの戦いの模様を描いた絵画。霊廟内の博物館に展示されている

イスラームだけではないイランの宗教①

ゾロアスター教

イスラーム化以前、イランでは古代ペルシア発祥のゾロアスター教が国教として信仰された。ゾロアスター教は「この世は最高善アフラ・マズダーと絶対悪アーリマンによる戦いの舞台」という善悪二元論をもとに自然を信仰対象とする。現在ではゾロアスター教徒は少ないが、同宗教のシンボルであるファラヴァハルはペルシア民族の象徴として愛されている。

ゾロアスター教の開祖であるザラスシュトラの肖像画。ゾロアスター教は火・水・空・大地などを信仰の対象としている

世界遺産 **Takht-e Soleymān**
タフテ・ソレイマーン

تخت سليمان

ペルシア帝国時代に建てられたゾロアスター教の神殿群。周囲に力強い山々が並ぶ丘の上には直径約100メートルの火口湖があり、そのまわりを囲むように神殿が建てられている。その独特の構造からも火・水・土などの自然を信仰対象としているゾロアスター教の特徴を感じとることができる。

泉や山々から大きな自然の力を感じる。ザンジャーンからタクシーで訪れるのが一般的

Chak Chak
チャクチャク

چک چک

ヤズド近郊の荒々しい山肌の中にひっそりと佇むチャクチャクはゾロアスター教の聖地。サーサーン朝の最後の王の娘がアラブ軍に追われ、最後にたどり着いたのがこの地。建物内で滴り落ちる湧水は彼女の悲しみの涙といわれており、「チャクチャク」という言葉は水が滴り落ちる音を表している。

現在も巡礼者が訪れる。ヤズドからタクシーで日帰りで訪問が可能

イスラームだけではないイランの宗教②

アルメニア正教会

イランはアルメニア正教会とも関係が深い。北西部は現在の
アルメニア共和国と国境を接しているので地理的な要因もある
が、国境から離れたエスファハーンには1万人以上のアルメニ
ア人が暮らすジョルファー地区もある。ジョルファー地区は貿易
が盛んであった17世紀、サファヴィー朝時代につくられ、多数
のアルメニア商人が活躍した。

タブリーズ郊外にある聖ステファ
ノス修道院内に飾られている聖
母マリアとイエスの宗教画

世界遺産

Armenian Monastic Ensembles of Iran
イランのアルメニア修道院群

مجموعه آثار رهبانی ارامنه ایران

イラン北西部は世界でもっとも古い
キリスト教区の一つとされており、聖
タデウス修道院、聖ステファノス修道
院、ゾルゾル礼拝堂はイランのアルメ
ニア修道院群として世界遺産に登録さ
れている。地震や近隣帝国による破壊
行為のたびに再建され、今なおキリス
ト教文化を守り続けている。

聖ステファノス修道院は
タブリーズから列車やタ
クシーで訪問できる

Vank Cathedral
ヴァンク教会

کلیسای وانک

エスファハーンのジョルファー地区
に建つ教会。17世紀にこの地区が形成
されたと同時に建設され、異国文化の
もとで暮らすアルメニア人たちの心の
拠り所として今なおその役目を担い続
けている。タイルアートやドーム構造な
どペルシア建築の要素が多くみられる、
イランならではの教会となっている。

外見だけ見るとまるでモスクのような教会となっている

ペルシア宮廷文化の黄金期

セルジューク朝

　11世紀になると中央アジアから南下してきたテュルク系遊牧民がイラン北東部のニーシャープールを拠点としてセルジューク朝を建国し、瞬く間にイランを統一する。王朝自体はテュルク系ではあるが実政はニーザムル・ムルクを中心としたペルシア官僚が執り、公用語もペルシア語だったことなどから、宮廷の庇護のもとペルシア文学も発展した。

オマル・ハイヤーム（1048〜1131年）はセルジューク朝の代表的な詩人。『ホスローとシーリーン』で知られるニザーミーも有名な詩人

世界遺産

Jameh Mosque of Esfahan
エスファハーンのジャーメ・モスク

مسجد جامع اصفهان

　古くは771年に建設され、1000年以上にわたって増改築を繰り返し現在の姿に至る。鮮やかなブルーのタイルアートは15世紀以降のものがほとんどだが、現在の基礎となる部分はセルジューク朝時代に形成され、内部の装飾も多くが当時のまま保存されている。ペルシア建築史を紐解くうえでも貴重な存在だ。

このイーワーンもセルジューク朝時代のもの。イーワーンとは一方が開き、三方が壁で囲まれ、天井がアーチ状の空間のこと

Tomb of Omar Khayyam
オマル・ハイヤーム廟

آرامگاه خیام

　イラン北東部のニーシャープールにあるペルシア詩人、オマル・ハイヤームの霊廟。詩人としてだけではなく、数学者や天文学者としても名を馳せたハイヤームは、現在のイラン暦のもととなるジャラーリー暦を作成した。1963年に再建されたこの霊廟にも数学的・天文学的要素が取り入れられている。

1963年に現代的なデザインで再建されたハイヤーム廟。オマル・ハイヤームはこの地の出身で、詩集『ルバイヤート』で知られる

超大国、モンゴル帝国下で栄える

イルハーン朝

　13世紀に入るとモンゴルのチンギス・ハーンが圧倒的な軍事力で領土を拡大し、ユーラシア大陸を横断するほどの大帝国を築き上げる。イランにもその影響は及び、チンギス・ハーンの孫にあたるフレグがイルハーン朝を開く。当初はモンゴル帝国の一部としての色が強かったが、第7代君主ガザンの時代には王朝もイスラーム化していった。

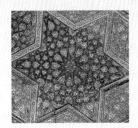

オルジェイトゥ廟の天井に施された幾何学的な彫刻アート。華やかなタイルアートとは一味違う美しさを感じられる

Soltaniyeh
ソルターニーイェ

سلطانیه

　イルハーン朝の8代目君主オルジェイトゥが建設した都市遺跡で、その中核を成すのは高さ50メートルのドームが特徴的なオルジェイトゥ廟。タージ・マハルにも影響を与えたとされるドームの美しさもさることながら、幾何学アートをベースとした内装も美しく、当時の高い建築技術を感じられる。

オルジェイトゥ廟。ソルターニーイェは旅行では少し行きにくいが、ザンジャーンという町からタクシーで訪れるのが一般的

Arg-e Tabriz
アルゲ・タブリーズ

ارگ علیشاه

　イルハーン朝の第二の首都タブリーズに残る城の跡。当時はモスクや霊廟などが連なる複合施設として建設されたが完成には至らず、度重なる地震での崩壊や、戦時中は要塞として使われたことから現在は一部しか残っていない。イルハーン朝時代の現存する建造物は多くないため貴重な存在でもある。

現在も街の中心部に大きく構えるアルゲ・タブリーズ。重厚な建築は近くで見ると大迫力

近世イランの黄金期
サファヴィー朝

　イルハーン朝崩壊後はモンゴル系のティムール朝やテュルク系の黒羊朝・白羊朝がイランを治め、16世紀にサファヴィー朝が興るとペルシア帝国期と並ぶ黄金期を迎える。とくにアッバース1世の時代は当時の首都エスファハーンを中心にもっとも栄えた。芸術や手工業産業に力を入れていたため、エスファハーンにはタイルアートや壁画が多く残る。

サファヴィー芸術を象徴するブルーのタイルアートで覆われる、エスファハーンのシャー・モスク

世界遺産

Naghsh-e Jahan Square
ナグシェ・ジャハーン

میدان نقش جهان

　「エスファハーンは世界の半分」と称されるほどに栄えた時代に当時の王であるアッバース1世のもとでつくられた広場。政治・宗教・市場・教育機関などの施設が集結し、サファヴィー朝の中心地として繁栄した。現在もイランでもっとも観光客を惹きつけるスポットとなっている。別名はイマーム広場。

広場の西に位置するアリ・ガプ宮殿のテラスから望む。奥に見える建物は広場の南に位置するシャー・モスク

世界遺産

Chehel Sotoun
チェヘル・ソトゥーン

چهل ستون

サファヴィー朝の7代目シャー（王）、
アッバース2世によりエスファハーン中
心部に建てられた宮殿。建物内にはサフ
ァヴィー朝によるオスマン朝やウズベク
軍との戦いを描いた壁画などがびっしり
と描かれており、サファヴィー朝の繁栄
を感じられる。庭園も「ペルシア式庭園」
として世界遺産に登録されている。

天井までびっしりとアートが描かれている建築は、芸術文化が発展したサ
ファヴィー朝ならでは

Si-o-se Bridge スィー・オ・セ橋

سی وسه پل

エスファハーンの街を東西に流れ
るザーヤンデ川。サファヴィー朝時
代にいくつかの橋が架けられ今も使
われている。もっとも大きいスィ
ー・オ・セ橋は、昼夜問わず地元民
が集まる憩いの場として人気が高い。
イランでは歴史的なスポットが日常
の一部として愛され続けている場面
が多く見られる。

夜には美しくライトアップされるスィー・オ・セ橋。市内中心部から徒歩圏で人
通りが多いので散歩にもおすすめ

世界遺産

Bazaar of Tabriz
タブリーズのバザール

بازار تبریز

イランには各都市に伝統的なバザール
があるが、もっとも古く、最大級の大き
さを誇るのが世界遺産に登録されたタブ
リーズのバザール。その歴史は10世紀
頃まで遡るといわれるが、タブリーズに
サファヴィー朝の首都があった16世紀
頃に最盛期を迎えた。世界でも最古の商
業施設として知られる。

絨毯店が並ぶセクション。バザールはモスクや学校などが併設されたところ
も多く、地域のコミュニティとしての役割も担ってきた

ザンド朝の初代君主、キャリーム・
ハーン（1705〜1779年）

太平後の戦乱期
アフシャール朝／ザンド朝

　サファヴィー朝崩壊後、イランは群雄割拠の時代に入る。1736年には「ペルシアのナポレオン」と称されたナーデルシャーがマシュハドを中心にアフシャール朝を建国。一方、南部では1750年にキャリーム・ハーンがシーラーズを首都にザンド朝を開く。ともに50年ほどで崩壊するがマシュハドやシーラーズでは現代でも往時を偲ぶことができる。

Karim Khan Citadel
キャリーム・ハーン城塞

ارگ کریم خان

　現在のシーラーズの中心地となっているのがザンド朝時代の王城、キャリーム・ハーン城塞。エスファハーンのナグシェ・ジャハーンを参考にしたこの城塞は軍事的な要塞としての機能も持ち、周囲は12メートルの高い壁で守られている。サファヴィー朝崩壊後の戦乱期を象徴するような城塞である。

現在もシーラーズの街のシンボルとして残るキャリーム・ハーン城塞。旅行者が集う人気の撮影スポットにもなっている

Vakil Mosque
ヴァキール・モスク

مسجد وکیل

　シーラーズ中心部にありザンド朝時代に建設された。48本の柱が支えるアーチが施された礼拝堂が特徴的だ。キャリーム・ハーンは自身を「王」とは名乗らず「人民の代理人」と称した。このモスク同様、それを意味する「ヴァキール」という冠のついたバザールやハマーム（公衆浴場）も近隣にある。

精密な計算をもとにした設計を、寸分違わず建設する職人がいたからこそ、この空間が成り立っている。キャリーム・ハーン城塞のすぐそばにある

ガージャール朝4代目シャーであるナーセロッディーン・シャー（1831〜1896年）

伝統と近代化の端境期
ガージャール朝

　サファヴィー朝以後の混乱を治めたのが18世紀後半に建国したガージャール朝。しかし、英露がイランへ干渉し情勢が不安定となり、20世紀初頭にはイラン立憲革命が起こる。革命は失敗に終わるがガージャール朝は一貫して内憂外患の苦しみを味わった。ただ、近代化にともない西洋の文化を取り入れたことで、建築や芸術文化は繁栄した。

世界遺産

Golestan Palace
ゴレスターン宮殿

كاخ گلستان

　ガージャール朝時代の宮殿。西洋建築とペルシア建築が融合したガージャール建築の代表で、外壁にはこの時代のトレンドともなったタイルアートがびっしりと施されている。建物内の博物館ではガージャール美術の作品が数多く並び、ガージャール文化を余すことなく楽しめるスポットとなっている。

外壁にはまるでタイルアート博物館のように様々なデザインのアートが並ぶ。首都テヘランにあるので旅行でも訪れやすい

Nasir-ol-Molk Mosque
ナスィーロル・モルク・モスク

مسجد نصیرالملک

　シーラーズにあるイランでもっとも観光客に人気が高いスポットの一つ。ガージャールを代表する建築の一つだ。サファヴィー朝時代はブルーがベースのタイルアートが多くつくられたが、ガージャール朝時代はシーラーズを中心に鮮やかな花々をモチーフにしたピンクベースのアートが流行した。

シーラーズの「ピンクモスク」ことナスィーロル・モルク・モスクは必見のスポット。朝日が差し込む9〜11時頃がもっとも美しい

イラン最後の「王朝」
パフラヴィー朝

　ガージャール朝に代わってイランを治めたのが1925年に成立したパフラヴィー朝。英露の圧力に対抗すべく、専制政治のもと積極的に西洋化、脱イスラーム的なペルシア民族主義世俗化政策を推し進めた。CIAと協力して親露派の首相を失脚させるなどアメリカと親密な関係を築くが、急激な近代化・世俗化政策が仇となりイラン革命が勃発する。

サアダバードにあるペルシア神話の英雄、アーラシュの像

Azadi Tower
アザディ・タワー

برج آزادی

　1971年に「ペルシア帝国建国2500周年」という冠のもとパフラヴィー朝の国家事業として建設されたテヘランのランドマーク。壮大な姿から石油で栄えた当時の繁栄を見ることができる。当初は「シャーの記念碑」という名称だったが、イラン革命後は「アザディ・タワー（自由の塔）」に改名された。

高さ45メートルを誇る大理石製の巨大なタワー。「大理石製」という点に石油が持つ多大な力を感じずにはいられない

Sa'dabad Complex
サアダバード複合施設

کاخ موزه سعدآباد

　パフラヴィー朝のシャーの宮殿などで構成される複合施設。ニクソンやアイゼンハワー、カーターなど歴代アメリカ大統領との会談が行われるなど、パフラヴィー朝時代の政治の中心でもあった。革命後も要人を迎える場として使用され、2019年には安倍総理もここでロウハニ大統領と会談を行った。

その豪華絢爛な建築はゴレスターン宮殿と並ぶ美しさ。テヘランにある

ホメイニー（1902〜1989年）が提唱する独自のシーア派統治論「ヴェラーヤテ・ファギーフ」をもとにイランという国家が運営されている

世界で唯一のイスラーム共和制国家

イラン・イスラーム共和国

　1978年1月にイラン革命がはじまり、その翌年にはルーホッラー・ホメイニーを最高指導者とした現在のイラン・イスラーム共和国が成立する。だが、間もなくイラクがイランへ侵攻、80年から88年にかけてイラン・イラク戦争が勃発する。89年にはホメイニーが死去し、アリー・ハメネイが2代目最高指導者となり現在に至る。

Iran Mall イランモール

ایران مال

　2018年にテヘラン西部の新興高級住宅地にオープンした巨大ショッピングモール。イランの大手銀行により「世界最大のモール」として現在も開発が続けられ、ショッピングエリアのほか、ミラーホールなどの伝統建築エリアや図書館、ホテル、アイスホッケー場などで構成される。現代イランにおける最大級のプロジェクトの一つ。

大部分は現代的なお洒落ショッピングモールとして営業するイランモール。ほかに伝統建築エリアなどがある

Embassy of the United States, Tehran
在テヘラン旧アメリカ大使館

سفارت آمریکا در تهران

　1979年のイラン革命直後に起こった「イランアメリカ大使館人質事件」の舞台で、現在は「反米博物館」として営業中。外壁含め館内には反米的なスローガンやアートが描かれ、人質事件の傷跡などもそのまま展示されている。敵対国のネガティブキャンペーンを公的に行っていることからも、現在のイランの政治的な実状を感じることができる。

外壁に描かれている、自由の女神をモチーフとした風刺画。よくも悪くも「現在のイラン」をその目で感じることができる

多種多様な「美」が咲き誇る

03.
イランの
芸術文化
The Art Culture of Iran

芸術大国イランに生きる
美しい文化の数々。
長い歴史のなかで育まれた
素敵な芸術文化が
イランの毎日を彩り続けている。
イランの芸術文化を
知れば知るほど、
イランのことが好きになる

世界中の人々を惹きつけてやまない

ペルシア建築

イラン旅行最大のハイライト

　　イランを訪れた旅行者に訪問理由を尋ねると、もっとも多いのが「ペルシア建築の美しさを生で見たいから」というもの。それほどイランの建築物には人を惹きつける魅力が詰まっている。旅人に人気のペルシア建築は大きく分けてモスク、霊廟、宮殿、ヒストリカルハウスの4種類に大別できる。それぞれの特徴と旅行時の注意点を見てみよう。

シーラーズにある約100年前のヒストリカルハウス、シャープーリハウス。日本でいう明治〜大正期のように、この時代のイランでは西洋のテイストを取り入れた建築が流行した

モスク

　　ペルシア建築で見逃せないのがモスクの数々。ペルシアとイスラームの文化が融合した美しいイランのモスクは、他のイスラーム諸国と比較しても華やかで見応えのあるものが多い。イラン国内のモスクは観光地化されている有料のモスクと、無料で見学させてもらえるモスクの2種類がある。有料のモスクでも宗教施設であることに違いはないので敬意を持って観光しよう。お祈りの時間など入れない時間帯もあるため、余裕をもった日程でまわるのがおすすめ。

イランでもっとも美しい建造物ともいわれる、エスファハーンのシャイフ・ロトフォッラー・モスク

霊廟

モスクとともに旅行者に人気が高い建築物が過去のイマーム（宗教的指導者）が祀られている霊廟。煌びやかなモザイクミラーが張り巡らされているホールに棺が安置されている。シーア派教徒が聖地として巡礼する霊廟も多く、モスクと同様（場合によってはそれ以上）に神聖な場所となり、カメラ含め荷物を預ける必要があるところも多い。とくに女性はチャードルなしでは入れない霊廟もあるが無料で貸し出してもらえる。モスク同様、敬意を持って見学させてもらおう。

ガズヴィーンのイマームザデ・ホセイン廟。ミラー張りのタイルのなかで輝くグリーンの光が印象的

宮殿

イランは2000年以上もの間、様々な王朝のもとで歴史を育んできたため、各時代の宮殿が多く残っている。それらは現在は博物館として営業していて、建物はもちろん所蔵物も見応えのあるものが多い。しっかりと見るには少なくとも1〜2時間は必要となるので、余裕をもって予定を立てるのがおすすめ。

テヘランのサアダバード宮殿群にある、重厚な大理石製の建築が特徴的なグリーンパレス。セキュリティの関係上、室内は写真撮影不可となる場所も多い

エスファハーンのモラバシーハウスはフォトジェニックなスポットとしてInstagramで急に有名となった

ヒストリカルハウス

近年激増しているのが、伝統的なヒストリカルハウスを改装したフォトジェニックな家屋やホテル、レストランの数々。これらはSNSなどで急に人気スポットになることも多く、とくにInstagramを活用することにより最新の人気スポットの情報を得ることができる。だが、オープンして間もなく人気となったスポットは地元民やタクシーの運転手でも知らない場合もあり、「結局行けなかった」と残念がる旅行者も少なくない。Instagramなどで見つけたスポットは、Googleマップで場所を確認しておくとスムーズにたどり着ける。

タイルアート

「7色」スタイルのタイルアート

　イランの街を華々しく彩る色鮮やかなタイルアート。その歴史は古く、1000年前から建築の装飾などで使われていた。14世紀のイルハーン朝時代は、鮮やかなターコイズブルーなどに色付けし、小さく分割されたタイルをデザインに沿ってはめ込んでいくモザイクタイル方式が主流であった。しかし、16世紀サファヴィー朝の時代に新たなタイルアートの手法が誕生する。それが「ハフト・ランギ」と呼ばれる方式だ。

　ハフト・ランギとは直訳すると「7色」という意味。今ではとくに指定された7色ということでなく「多色」を使用したタイルアートというニュアンスで使用される。この方式は、あらかじめ色付けされたタイルをデザインに沿ってはめ込んでいくのではなく、無色の正方形タイルの上に直接絵を描き、それを焼き付け、壁面に並べていくというもの。デザインの幅が広がり、製造時間も短縮化することによって、タイルアートの数や種類も一気に増加した。

タイルアートはイラン国内の各都市で見ることができるが、なかでもテヘランのゴレスターン宮殿には非常に多くの種類のアートが施されている。タイルアート好きは必見だ

上から／14世紀イルハーン朝時代に建設されたオルジェイトゥ廟に施されたタイルアート／モザイクタイルで表現される「クーフィー」と呼ばれる書体。8bit方式のようなアートだ

サファヴィー朝とガージャール朝

　タイルアートがハフト・ランギ方式でつくられはじめたサファヴィー朝の時代はブルーを基調としたアートが主流であった。当時の首都であるエスファハーンのモスクで見られるものが代表的な例である。その後のガージャール朝の時代にはシーラーズを中心にピンクやイエローをベースにしたデザインが主流となる。バラや菖蒲などの花々がモチーフになっているのも、この時代のアートの特徴ともいえる。

サファヴィースタイルのタイルアート。まわりに描かれている文字はクルアーンの章句（エスファハーンのジャーメ・モスク）

ガージャールスタイルのタイルアート。生々と咲き誇る花々が特徴的（シーラーズのノスィーロル・モルク・モスク）

現代で活躍するアーティストのタイルアートたち。伝統的なアートもモダンにデフォルメされている

いたるところで楽しめる

　タイルアートは歴史的なモスクや家屋だけでなく、現代の街中のいたるところでも使用されていて、タイルアート作家として活動するアーティストも多い。とくにお洒落雑貨を扱うショップなどでは、現代的な色使いでポップに仕上げた作品も販売されていて、お土産にもぴったり。イランを訪れたらお気に入りのアートを探してみてほしい。

ペルシア文化を代表する芸術品

ペルシア絨毯

ペルシア絨毯はイランのいたるところで販売されている。品質や値段はピンキリだ

上から／イランで見つけた、様々なデザインの絨毯をつなぎ合わせて製作したリメイク品／イランの絨毯屋には織り機が置いてあり製法を学べるお店も多い

世界中で愛される逸品

　「イランといえば？」という質問に対して「ペルシア絨毯！」と答える人も多いだろう。ペルシア絨毯はそれほどに世界的に有名で、多くの人に愛されている。もちろん現代のイランでも愛用されており、どの家庭でも1枚といわず数枚は使われている。もっといえば、数十枚もの絨毯を使用する家庭だって多くある。日本でも百貨店やインテリアショップでの取り扱いや、ペルシア絨毯専門店も多く存在し、日常のなかで見る機会も多い。

　現在では一般的に「イランで生産された手織り絨毯」をまとめて「ペルシア絨毯」と呼んでいるが、種類は豊富でその世界はとても奥が深い。ペルシア絨毯といってイメージされるのは、パイル織で毛足が短く刈られたものだが、ほかにも大柄で毛足の長い「ギャッベ」や、パイルがなく縦糸と横糸のみで織られた「キリム（ゲリーム）」などもある。

　素材は「ウール」と「シルク」の2種類がよく使われる。日常的に使用されるものは耐久性の高いウール製。シル

ク100％の絨毯はシルクならではの美しさがあるが耐久
性はウールと比較して低い。そのため、壁や棚の中など
で観賞用やインテリアのアクセントとして使用される場
合も多い。ウールとシルクを色ごとに織った絨毯もある。
ウール製をベースに、シルク独特のツヤ感をデザイン的
なアクセントとして使っているというわけだ。

　染色は伝統的に植物を原料とした草木染めで行われて
きた。品質の安定性や発色性などの関係により合成染料
が使用される場合もあるが、やはり草木染めのほうが人
気は高い。

デザインも産地も豊富

　イランでは国中で絨毯が織られているといっても過言
ではないほど、絨毯の産地はとても多い。各地域、民族
ごとの文化の特徴に基づいてデザインの大枠がつくられ、
そこからさらにパーツごとの細かな要素へと分類される。
まさにデザインは無限で非常に奥が深い世界となる。

　もし、この世界に興味があるのであれば、テヘランに
ある絨毯博物館を訪れてみるのがおすすめ。ここでは
100枚以上の様々な時代、産地のペルシア絨毯が英語解
説付きで展示されていて、絨毯について学ぶのにピッタ
リだ。絨毯関連の書籍も豊富に取り扱っている。

イランで絨毯は買うべきか？

　イランで絨毯を買ってみるのもいいだろう。正直なと
ころ、外国人にはふっかけてくるので、現地価格で絨毯
を買うのはほぼ100％不可能だが、それでも日本国内で
買うよりも大分お
手頃な価格で購入
できる。

　細かな品質の良
し悪しなどの判断は相当な知識と経験がないと難しい。そ
のあたりはある程度割り切って考え、インスピレーション
に従って買うのも一つの手だ。リビングテーブルの下に敷
く程度のサイズであれば、折り畳んでスーツケースに入れ
て持って帰ることもできる。

タブリーズのバザールで見かけたミニアチュール
デザインの絨毯。「え？　これが絨毯なの？」と驚か
ずにはいられないクオリティ

テヘランの絨毯博物館で見られるガージャール絵
画スタイルで描かれたキリストをモチーフにした
絨毯

90cm×120cmの絨毯（写真中央上部）なら、折り畳めばほ
かのお土産と一緒にスーツケースに入れて持ち帰ることが
できる

日常に欠かせない伝統布
ガラムカーリー

ガラムカーリー工場での生産風景。旅行で工場を訪れるのは難しいが、店頭でデモンストレーションとして製造工程を見学できるショップもある

色鮮やかで心が踊る

　ガラムカーリーは別名「ペルシア更紗」とも呼ばれるイランの伝統布。デザインが施された木版を手作業でコットン生地に押し当て、唐草模様やペイズリーなどの伝統柄を様々なカラーでプリントしていく。イランでは各家庭で必ず1枚は使われているといってもいいほど、現代でも愛されている工芸品だ。テーブルクロスのほかにクッションカバーやカーテン、ベッドシーツなど、様々な用途で使われている。

　サイズは豊富で価格もお手頃なので、旅行者の間でもお土産として人気が高く、全国各地で購入することができる。サファヴィー朝時代に人気を博したことから、その中心地であるエスファハーンではとくにショップが多く、様々なデザイン、カラー、サイズからお気に入りを探すことができる。

　ガラムカーリーの「ガラム」は「ペン」、「カーリー」とは「工芸」の意味。この名前のとおり、かつてはデザインはペンで描かれていたが、生産効率を上げるために木版印刷へとシフトしていった。とはいえ、シビアに木版の位置を合わせながら流れるようにプリントしていく現在の作業も、立派な職人技である。

左から／そのデザインとカラーの組み合わせはまさに無限大／ガラムカーリー工場を見学。伝統的な製法で今もなおつくられている／きめ細やかな木版はもちろん手彫り。職人は何百種もの木版を使い分ける

ペルシアの高級ファブリック
テルメ

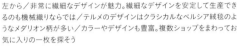

左から／非常に繊細なデザインが魅力。繊細なデザインを安定して生産できるのも機械織りならでは／テルメのデザインはクラシカルなペルシア絨毯のようなメダリオン柄が多い／カラーやデザインも豊富。複数ショップをまわってお気に入りの一枚を探そう

まるで宮殿のような輝き

繊細でゴージャスな織りが特徴的なテルメは、イランではよくテーブルクロスやランナー、クッションカバー、礼拝用マットとして使用されている。

テルメもガラムカーリーと同様に、その歴史はサファヴィー朝時代にまで遡る。当初は手織りでつくられていたが現在、世に流通しているテルメのほとんどは機械で織られたもの。そのためゴージャスな見た目からは想像し難いリーズナブルな価格で手に入るので、その価格に驚かずにはいられない旅行者も多

い。とくにシルク糸が多く使用された一枚は、シルクが持つ光沢感とアクセントとして使用されるメタリックカラーの糸の輝き、そしてそれらが表現する繊細なデザインが絶妙にマッチし、日常で使用するのがもったいなく感じるほどだ。シルクのほかにビスコースなどの合成繊維で織られたものもあり、お値段もシルク製よりリーズナブル。裏地もついていて耐久性も強く、日常の中でも使いやすい。

テルメはエスファハーンのほかにヤズドも有名な産地。街にはテルメでつくったバッグや服など、様々な種類のテルメ製品を扱うショップが並ぶ。

テルメは元来、貴族の衣類などに使用されていた手織りの高級布であったが、現在は機械織りのものが各家庭で愛用されている。色数が増えるほど価格も高くなるものの、美しさも倍増する

ミーナーカーリー

ミーナーカーリーはすべて職人による手描きで生産されるためクオリティによって価格もピンキリ。クオリティの高いものを探してみてほしい

鮮やかな「青」の世界

エスファハーンのモスクのタイルアートを連想させるような繊細なエナメルアートが施された美しいミーナーカーリー。「ミーナー」とは「楽園」や「青空」を表し、まさにその言葉がピッタリと合うような自由で美しいアートを楽しめる。ミーナーカーリーは、銅で形成された皿や花瓶などに職人がエナメルでアートを描き、それを高温で焼き付けてつくる。写真で見ると陶器を思われる人も多いのだが、実際は薄い銅を素材としているので、非常に軽く、割れる心配もない。アートの部分も700℃を超える高温で焼き付けられているのでキズなどにも強く、飾り物としてだけではなく、日常使いもできるのでお土産としての人気も高い。

イランにおけるエナメル装飾品の歴史は非常に古く、ペルシア帝国の頃からつくられていたが、現在のミーナーカーリーはサファヴィー朝時代に発展したもの。エスファハーンを中心にアーティストやショップが多く、とくにエスファハーンのナグシェ・ジャハーンには工房が併設したショップが建ち並ぶ。そこでは実際に職人が絵付けをしている様子を見学することができる。

上から／店先で絵付けのデモンストレーションをする職人／伝統的な技術で現代的なアクセサリーを手がけるアーティストも多い／ショップのウィンドウに並べられたミーナーカーリーがつくり出す「青の世界」

象嵌細工と絵画が融合した工芸品

ハータムカーリー

手づくりの温もりを感じる

　イスラミックな幾何学模様を基調としたフレームに、様々な絵画が描かれた装飾が特徴的な象嵌細工品、それがハータムカーリーだ。細く削られた三角柱状の金属や木材、ラクダの骨などを束ねて金太郎飴のようにデザインをつくっていき、それを薄くスライスして木製のフレームにはめ込んでいく。意匠はペルシア絵画であることが多く、ショップには様々な形状、デザインのハータムカーリーが並ぶ。ガラムカーリーなどの伝統工芸品と同じく、現代でもどの家庭にも一つはあり、小物入れなどとして日常生活において愛用されている。建築や家具にも使用される場合もあり、歴史的な邸宅やモスクなどではハータムカーリーでつくられた扉やイスなどを見ることができる。

　お土産として人気なのは小物入れやペン、ライター、キーホルダーなど。ショップには多種多様なハータムカーリー製品が並ぶが、筆者のイチオシはハータムカーリー製のバックギャモンボード。バックギャモンはイランでもっとも伝統的かつ人気のあるボードゲームだ。このボードでチャイを飲みながらバックギャモンを楽しめば、気分はすっかりイラン人。

上から／一般的に販売されているハータムカーリー。高級品になればなるほど、柄も均一になっていく／様々なテイストの絵画と組み合わせてつくられることが多い／ショップに並ぶハータムカーリー製のバックギャモンボード

天面には様々なタイプのミニアチュールが施されている。プリントではなく、職人の手によって一つずつていねいに描かれている

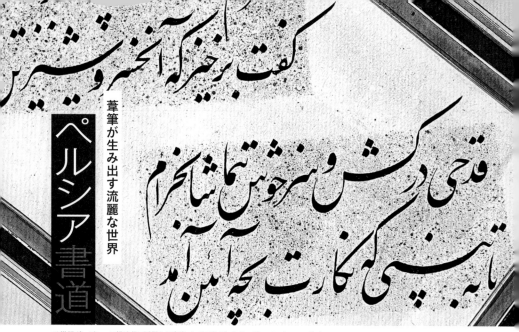

ペルシア書道

葦筆が生み出す流麗な世界

19世紀ガージャール朝時代に活躍した書家、セイエド・ジャラルッディーン・ムハンマド・ホセイニ・シャリフィ・シーラーズィーの作品

流れるような書体が美しい

　日本の書道のように、イランにもペルシア書道という伝統文化がある。日本の書道は毛筆で行うのに対し、ペルシア書道は葦を削ってつくった筆で書く。葦筆は日本では手に入りにくいがイランでは画材屋などで購入可能で、テヘランではエンゲラーブ広場周辺に画材や教則本を取り扱うお店が多く集まる。

　ペルシア書道の特徴はやわらかで流麗な美しさで、「ナスタアリーク」や「シェキャステ」と呼ばれる書体で書かれる。文字ごとに線や点の太さや比率などが細かく決められており、まさに「芸術としての美しさ」を追求し、体現している文化ともいえる。ペルシア語の詩などは音読すると「音」として美しいが、「文字」として表現しても華麗だ。

　ペルシア書道はイラン全土で愛されていて、とくにサファヴィー朝時代、エスファハーンの一つ前の首都であったガズヴィーンは「ペルシア書道の首都」と呼ばれている。中心部には書道博物館があり、伝統的なものから前衛的な作品まで、様々なタイプの書家による書道作品を楽しむことができる。

　なお、日本ではペルシア書道家の角田（つのだ）ひさ子先生による書道教室が開かれており、ペルシア書道を学ぶことができる。

上から／ペルシア書道で使用する葦の筆。筆先はナイフでていねいに削ってつくられる／ペルシア書道の教則本。意味はわからなくても、見ているだけで美しい／ガズヴィーンの書道博物館で見かけた作品。文字を重ねて書かれている

ペルシア絵画

繊細な細密画の世界

　イランの芸術を語るうえでペルシア絵画も欠かすことはできない。ひと口にペルシア絵画といってもいくつも種類があるのだが、もっともイランらしい絵画が「ネギャールギャリー」と呼ばれる細密画だ。とくに16世紀サファヴィー朝の頃に『シャー・ナーメ』の挿絵として描かれたものなどが有名。サファヴィー朝以前のイランはモンゴル系王朝が繁栄しており、その間にイランの文化もモンゴル系、中華系文化との融合が進み、その特徴が細密画にも色濃く反映された。

　タズヒーブと呼ばれる写本の装飾も美しい。非常に細かく描かれた幾何学模様や唐草模様がクルアーンなどの本を彩る。金色の部分には本物の金が使われていて、その輝きがさらに美しさを引き立てる。アラブ諸国やオスマン帝国下でもタズヒーブ芸術は盛んで、互いに大きな影響を与えた。

　19世紀のガージャール絵画もペルシア絵画の代表の一つ。とくにこの時代は歴代のシャーの肖像画が多く残された。

　なお、現代では下の写真のような幻想的な雰囲気を持つ細密画も人気がある。

マシュハドのクルアーン博物館所蔵の装飾写本。ぜいたくに金を使用したタズヒーブが印象的

左・16世紀に描かれたミルザ・ガセム・ゴナバディー作の『シャー・ナーメ』の写本。イラン国立博物館所蔵／右・ゴレスターン宮殿所蔵のガージャール絵画。引き締まったウエストなど、理想的にデフォルメされた王族の姿が描かれている

イマーム・レザーがガゼルと狩人の仲介役となり、ガゼルを助けたというエピソードが描かれた「ガゼルの保証人」という作品。マシュハドのクルアーン博物館所蔵

ペルシアの詩人たち
イランで知らぬ者はいない

フェルドウスィー廟に建てられた彼の彫刻。イランの著名な彫刻家、アボルハサン・サディーギーの作

日常に溶け込むペルシア文学

　ペルシア文学。それはたんに一つの地域「文化」を構成する一要素ではなく、現在のイランの「日常」でも欠かせないものとなっている。たとえばイラン人のお宅を訪問すると、リビングにはハーフェズの詩集やフェルドウスィーの『シャー・ナーメ』などがすぐに手が届く範囲に置かれていて、ふとしたときに手に取り読む光景がよく見られる。書店に行けば数えきれないほどの詩人らによる詩集が並び、現代の映画や歌でも詩が多く引用されている。ヤルダー（冬至）など季節的なイベントの際にも詩を読むことは不可欠だ。とくに10〜15世紀の間に繁栄した近世ペルシア文学（古典文学）は現代でも深く愛され続けている。

　19世紀以降の近現代文学も社会的に重要な意味を持つ。イラン立憲革命以後、西洋文化の流入や近代化、そしてイラン革命と激動の時代において、詩人たちは詩に想いを宿し、人々の心を奮わせ、動かし続けた。

　イランでは非常に多くの詩人が活躍してきたが、ここでは代表的な4人を紹介する。

上から／イラン人の友人宅のリビングに置かれていた『シャー・ナーメ』。使い込まれたその姿から、いかに日常で読まれているのかが伝わってくる／テヘランの書店の棚一面に並ぶハーフェズの詩集。ハーフェズだけでも20〜30種類ほどの詩集が並べられている

イランを代表する詩人たち

フェルドウスィー
934〜1025年

　フェルドウスィーの代表作は1010年に完成した『シャー・ナーメ（王書）』。古代ペルシアの神話や伝説を壮大な量の詩でまとめた大作だ。文学のみならずペルシア文化、さらには民族的アイデンティティを形成するうえでの中心的な存在としても扱われるほど後世に影響を与えた一冊。

マシュハド近郊のフェルドウスィー廟。
伝統的なアケメネス朝式で建てられている

ハイヤーム
1048〜1131年

　ハイヤームは11世紀セルジューク朝時代に生まれ、詩人としてだけでなく、数学者や天文学者としても活躍した。詩人としての代表作は四行詩集である『ルバイヤート』。彼が残した人生に対するはかなさや無常観、そしてそれに対する前向きな言葉の数々は、現代においても人気が高い。

ニーシャーブールのハイヤーム廟。
特徴的な慰霊碑には彼の死が芸術的に刻まれている

サアディー
1210〜1292年

　モンゴル帝国がイランを支配する13世紀に生きたサアディー。シーラーズで生まれた彼は、30年という時間をかけ、インドからアフリカ大陸までをまわる長い旅に出る。その後、旅の逸話やその経験から学んだ教訓をまとめた『果樹園』と『薔薇園』を発表し、それが彼の代表作となる。

シーラーズのサアディー廟。
棺を囲むように彼の詩が刻まれたタイルアートが並ぶ

ハーフェズ
1325〜1390年

　ハーフェズはサアディーの少し後の時代に同じくシーラーズで生きた。ペルシア文学史上最高の叙情詩人といわれている。彼の詩の特徴は真理を象徴的に伝えることで、読み手側が自らの視点で解釈ができる、という点。その特徴もあり、ハーフェズの詩を用いる占いもイランでは盛んに行われている。

シーラーズのハーフェズ廟。
夜には神秘的なライトアップで照らされる

COLUMN 1 | イランの映画事情

「イラン映画」というジャンル

　イランの映画は世界的にも評価が高く、日本でも毎年数本は新作が公開されている。

　イランでの映画製作は1900年代のガージャール朝期から行われ、1960年代には「フィルム・ファルシー」と呼ばれるいわゆる「ボリウッド映画」からの影響を強く受けた大衆向けのエンタメ映画が多く上映された。ただ、これらの多くは外国映画のコピーのような内容が多かったため、現代では「低俗な映画」というレッテルが貼られる場合が多い。

　そんななか1960年にはイラン映画界で「ニューウェーブ」が起こる。外国映画のコピー映画ではなく、ペルシア文化的・哲学的、そして当時の社会的要素などを取り入れた作品が多く世に出ることとなり、現代のイラン映画のもととなった。

　そして、イランには今も昔も映画に対する政府の検閲がある。社会的な内容に関しては直接的ではなく比喩的に表現する場面が多いのもイラン映画の一つの特徴ともいえる。

　また、イランでは戦争映画も多く製作されている。とくにイラン・イラク戦争に関する映画が多いのだが、こちらは政府の支援を受けて製作されるケースも多くある。

著名なイラン人映画監督

アッバス・キアロスタミ

　キアロスタミは世界でもっとも名の知れたイラン人映画監督。現在のイラン映画という概念が築かれるうえで、彼の影響、功績は非常に大きく、まさに「イラン映画」を体現する監督だ。

──────【 代 表 作 】──────

友達のうちはどこ？（1987年）／オリーブの林をぬけて（1994年）／桜桃の味（1997年）／ライク・サムワン・イン・ラブ（2012年）

ジャファル・パナヒ

　世界的な賞も多く受賞している著名監督。体制批判的な隠喩を含む映画も多く、政府から映画製作や外国渡航が禁止されているなかでも映画監督としての活動を続けている。

2023年公開映画『熊は、いない』（配給：アンプラグド）にて自ら主演も務めるジャファル・パナヒ監督

──【 代 表 作 】──

白い風船（1995年）／チャドルと生きる（2000年）／オフサイド・ガールズ（2006年）／これは映画ではない（2011年）

COLUMN 2 | イランの音楽事情

歴史のなかの音楽

　「イランの音楽」と聞いてピンとくる人はそう多くないかもしれない。というのも、日本含めイラン国外で外国人がイランの音楽を聴く機会はそう多くないからだ。しかし、じつはイランは歴史的にも音楽は盛んな国で、古くはペルシア帝国時代、とくに3世紀からはじまるサーサーン朝時代の王たちは音楽をこよなく愛し、宮廷を中心にペルシア音楽文化は発展した。

　その後もサファヴィー朝やガージャール朝など各王朝下で宮廷音楽が発展し、各地方でも民衆の生活と直結する様々な民族音楽が生まれ、現代まで受け継がれてきた。

楽器大国、イラン

　イランには特有の民族楽器が多くある。例を挙げると、弦楽器ではピアノの原型といわれるサントゥールやヴァイオリンの源流となるケマンチェ、タールやセタールなどが有名。打楽器ではフレームドラムの一種であるダフや指先を細かく使い繊細なリズムを奏でるトンバクなどがある。吹奏楽器ではイランのバグパイプであるネイ・アンバーンなどがある。これは南部のバンダリと呼ばれる民族音楽で使用する楽器で、現代のダンスミュージックなどでもよく使用されている。

　本書では各楽器の音色をお届けできないのが残念ではあるが、ご興味がある方はぜひYouTubeなどで聴いてみてほしい。

テヘラン市内でサントゥールを演奏するストリートミュージシャン。イランでは伝統楽器、民族楽器を用いたストリートミュージシャンをよく見る

イランポップスと革命

　イランでは1950年代、西洋化の影響を受けたポップスが大流行した。その後の60年代〜70年代の歌謡曲は日本の歌謡曲と非常に雰囲気が近く、日本人が親近感を感じる曲も多い。しかし、1979年にイラン革命が起こると、このような西洋的な音楽はイラン国内で発売禁止となり、アーティストたちはアメリカやイギリスなどに移住して活動を続けることとなる。

　現在は革命直後とくらべると政府の音楽規制は緩くなっているが、アーティストの多くはアメリカをはじめとした外国のイラン系レーベルから曲をリリースし、イラン国内の人たちもYouTubeなどでそれらの曲を聴き、音楽を楽しんでいる。なお、イラン人は踊るのが好きな人が多く、ホームパーティーや結婚式などではイランポップスを流して踊る。

食べて食べて食べ尽くそう

04. 魅惑のペルシア料理

旅行中の大きな楽しみの一つが、その国の料理。
イランにもイランならではの料理が多くあり、
食事のたびに新しい味に出会うことができる。
イラン滞在時はぜひ様々なメニューに挑戦してみて！

メニュー豊富なペルシア料理

　ペルシア料理（厳密にはイラン料理）はとにかくメニューが豊富である。イランではペルシア民族以外にも多くの民族が共存しており、地域ごとに文化が違えば気候も異なる。そのため各地域に名産、名物料理があり、イランでは様々な料理に舌鼓を打つことができる。そして、ありがたいことに日本人にも食べやすい料理が多い。パクチーや八角といった「独特なクセ」を持つ素材やスパイスが少ないことや、激辛料理や肉や魚の生食文化もないため、いわゆる「エスニック系」が苦手な方も楽しみやすい。

肉やシチューを米やナンで

　イランの主食は米とナン。米は細長いバスマティライスで、一部をサフランで黄色く色付けして提供される場合が多い。ナンは薄くもっちりしたサンギャク、厚くかために焼き上げたバルバリー、薄く焼くラヴァーシュなどがよく食べられる。

　おかずで多いのがシチューとキャバーブ（ケバブ）。シチューはトマトベースか、ハーブや野菜ベースのものが多い。キャバーブは羊や鶏が多く、次点で牛。伝統的にイスラームが信仰されている地域なので豚肉は食べない。

　一方で魚料理は少ない。北のカスピ海沿岸

1.使用する肉の種類や調理法などで様々なキャバーブがある。「ご当地キャバーブ」がある地域も多く、肉好きにはたまらない／2.友人宅で親戚が集まった際の食事の様子。床置きスタイルがじつにイランらしく、肩肘張らずワイワイと料理を囲む時間は非常に楽しい／3.とある日のホステルでの朝食。朝はナン、ジャム類、卵、野菜が鉄板メニュー。にんじんジャムがイランではポピュラーで旅行者にも人気が高い／4.友人宅にご招待いただいたとある日の夕食。とくに煮込み系の料理は各家庭の味つけがあり、いただく際はとてもワクワクする

地域や南のペルシア湾岸地域などでは白身魚や海老料理が多いが、全国的に見れば圧倒的に肉料理のほうがポピュラーである。

ナッツやフルーツをぜいたくに

イランはピスタチオやクルミといったナッツ類や、ザクロをはじめとしたフルーツ類の生産量が多く、料理にもふんだんに使用される。また、世界でもっとも高価なスパイスとされるサフランは、イランが世界一の生産量を誇る。そのため日本だとぜいたくとされる料理を、気軽に楽しむことができるのもイランならではである。

料理は床に直置き

イランでは食べ方も特徴的だ。伝統的な食べ方としては、絨毯の上に使い捨てのテーブルクロスを敷き、大皿を並べ、そのまわりを囲むように座って食べる。レストランではテーブルが一般的だが、日本でいう伝統的な「座敷席」を設けているところも多く、そこで

は床置きスタイルで食べる。

家庭料理こそがイランの味

イランの食文化を表す際によく使われるフレーズが「家庭料理こそ、イランの味」というもの。イランはおもてなし文化が強く、客人や親戚などが集まった際は、その家の者が料理を振る舞ってもてなす。キャバーブなどは炭火焼き場がないと難しいので例外にはなるが、シチュー系の料理が多いのも家庭料理文化が尊重されているからなのかもしれない。

だが、家庭のおもてなし料理が素敵だからといって「レストランみたいに素敵な料理だね」というと、「レストランよりも素敵でしょ？」と不穏な空気が流れることも多いので言動には注意しよう。

ただ、初回のイラン旅行でイラン人の家庭にお邪魔して料理を楽しむのは難しいかもしれない。「家庭の味」を楽しむためにも、現地に知人ができるまで何度もイランを訪れてもらいたい。

肉料理

イラン料理でもっとも人気が高いのはペルシア語でキャバーブ、
つまりケバブをはじめとした肉料理だ。
焼肉を意味するキャバーブ以外にも、煮込み系など種類も豊富で、
毎日肉を食べていても飽きがこない

کباب کوبیده

クビデ・キャバーブ

　ペルシア料理を代表する料理
といえばクビデ・キャバーブ。
ラムのミンチを玉ねぎやスパイ
スとともにこね、炭火で串焼き
にしたものだ。イランのクビデ
は日本のラム料理のようなクセ
は少なく、ラムが苦手な人でも
食べやすい。ライスやナンとと
もにいただく。

ジュジェ・キャバーブ

جوجه کباب

　ジュジェとは鶏のこと。スパイスの風味と
炭火焼きの香ばしさが食欲をそそる鶏肉のキ
ャバーブだ。クビデと並びイランで代表的な
キャバーブで、どの町でも食べることができ
る。ラム肉が苦手な人はまずは鶏肉のジュジ
ェからトライしてみるのもよい。

チェロウ・モルグ

چلو مرغ

　イランの定番プレートでチェロウは「白ご飯」、
モルグは「鶏」を意味する。鶏肉はトマトペース
トで焼いてあって日本人にも食べやすい。白い
ご飯の場合もあるが、後述するゼレシュク・ポ
ロウというバーベリーで味つけしたバーベリー
ライスが提供されることも多い。

マーヒーチェ　ماهیچه

　マーヒーチェは新鮮な子羊のスネ肉を、サフランやターメリックなどのスパイス類とともに、ほろほろになるまで煮込んだ料理。やわらかく、しっかりと染み込んだその味は非常に美味だ。バガリ・ポロウ（そら豆ご飯）とともにサーブされることが多い。

گردن　ギャルダン

　子羊のスネ肉と並んで煮込み料理として人気の部位が「ギャルダン」と呼ばれる子羊の首肉。首はよく動かす部位なので肉質がよく、旨味も濃くなるらしい。マーヒーチェとくらべると提供する店は多くはないので、見つけた際はぜひトライしてみてほしい。

シシリク　شیشلیک

　キャバーブのなかでもとくに美味とされるのがイラン版ラムチョップというべきシシリク。マシュハド近郊のシャンディーズがシシリクの町として有名で、その名を冠したレストランがイラン全国にある。高価ではあるが、ぜひ一度は食べておきたい料理だ。

キャバーブ＆ライスが定食の基本

　イランにおける定食の基本は、キャバーブとバスマティライス、そして焼きトマトのセット。ナンもついてくる場合が多い。ライスは炊く際にバターや油を入れたりとイラン料理は脂っぽいものが多く、口の中も重くなりがち。そんなときはセットについている生のハーブ類やピクルスでお口をさっぱりとさせながら楽しもう。

コメ料理

イランの主食であるコメは、白ご飯 (チェロウ) 以外にも
様々な炊き込みご飯 (ポロウ) がある。
各料理にそれぞれ相性のよいポロウがあったりするので、
迷った場合はお店の人に「どのポロウがおすすめ」か聞いてみよう

ゼレシュク・ポロウ زرشک پلو

　ゼレシュクは日本ではなじみが薄いが、イラン料理でよく使用される木の実の一種で、英語ではバーベリーと呼ばれる。甘酸っぱくてさっぱりとしたゼレシュクをふんだんに使用したポロウは、肉料理との相性がピッタリ。鮮やかな色が見た目も美しく彩る。

バガリ・ポロウ باقلا پلو

　バガリ・ポロウは、ディル (イノンド) をたっぷりと使用したハーブの豊かな風味が特徴のそら豆ご飯。マーヒーチェなどの煮込み系の肉料理との相性が抜群だ。イランを代表する米料理の一つで、シンプルで軽やかなその味は日本人の舌にも合いやすい。

ルビア・ポロウ لوبیا پلو

　ルビア・ポロウはインゲン豆、玉ねぎ、肉をターメリックなどのスパイスとともに炊き上げたものだ。イランのポロウはお肉料理とともに提供されることが多いが、ルビア・ポロウは単品でもおいしく楽しめるので、お肉料理に疲れたときなどは非常におすすめ。

アールバールー・ポロウ

アールバールー（サワーチェリー）と砂糖の甘酸っぱい風味が特徴的なポロウ。甘酸っぱいご飯料理は日本ではあまりなく、とてもイランらしさを感じられる料理。特徴的なその味は、一度ハマれば抜け出せなくなる。

آلبالو پلو

ターチン

ته چين

イランを訪れたら絶対に食べたい米料理の一つがターチン。ヨーグルトやバター、サフランで味つけされた風味豊かなご飯に、ゼレシュクやナッツをトッピングしてつくられるぜいたくな一品だ。鶏肉とセットで食べる場合が多いが、そのままでも十分おいしい。

「おこげ」をめぐる熱き戦い

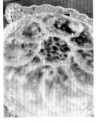

上・サフランとヨーグルト、コメでつくったターディグ。弱火で長時間じっくりと火を入れることが美しいターディグを仕上げるポイント／右・宇都宮で暮らすイラン人の友人がつくってくれた、餃子の皮のターディグ

イランの食卓に欠かせないのがターディグと呼ばれる「おこげ」。炊飯時に鍋底につくられるターディグは1回あたりの量が限られているので、イランの家々では家族同士でおこげを取り合う熱き戦いが勃発する。これもイランの一つの食文化だ。

ターディグの調理法は様々だが、ヨーグルトとサフランを混ぜたご飯でつくったり、ナンやジャガイモ、パスタを鍋底に敷いてつくることが多い。筆者が以前、栃木県の宇都宮で暮らすイラン人の友人を尋ねた際は、宇都宮名物の餃子の皮でつくったターディグをごちそうしてくれた。ターディグはじつに奥が深い世界なのだ。

シチュー、スープ料理

お肉料理と並んでイランの花形料理とされるのが
シチュー（ペルシア語でホレシュ）だ。
家庭でもよくつくられるシチュー類は、
まさにイラン人の血となり肉となってきた料理である

ゲイメ قیمه

ゲイメはトマトベースにラッペという豆をふんだん
に使用したシチューで、ペルシア料理界の肉じゃがと
もいえるほどの定番メニューだ。ターメリックやサフ
ランなどのスパイス類とともに、ドライライムやレモ
ンで爽やかに仕上げたその味は日本人にも食べやすい。

ゴルメザブジ قورمه سبزی

日本で「おふくろの味」といえば「実家のカレー」が
代表だが、イランではこのゴルメサブジがそれに当た
る。ハーブや豆をふんだんに使用し、何時間も煮込ん
でつくる「イランの味」の代表だ。ただ、日本人にはな
じみのない味になるため、好き嫌いは別れがち。

フェセンジャーン فسنجان

フェセンジャーンはザクロのペーストとクルミをふ
んだんに使用した、イランだからこそ味わえるとても
ぜいたくな一品。甘酸っぱく濃厚な味が特徴だ。イラ
ンの家庭では特別な日に出されるご馳走で、ヤルダー
（冬至）のお祝いなどで振る舞われる。

スーペ・ジョウ

　イランの食卓も、はじまりはスープから。もっともポピュラーなスープが大麦スープであるスーペ・ジョウだ。クリーミーでやさしい味で、好みによりレモン汁を絞ってさっぱりと仕上げる場合もある。お店や家庭によってレシピも様々で、その違いも楽しめる。

アーシュ・レシュテ

　ハーブや野菜がたっぷりと入ったスープ（アーシュ）に、細いうどんのような麺（レシュテ）が入った料理。仕上げにキャシュク（ヨーグルト）をかける。秋から冬にかけてよく食べられ、寒い日にいただくその温かく、やさしい味は、身に、そして心に沁みる。

イラン旅行中のお食事処事情

　旅行中、イラン料理を食べるのならレストランか街食堂の2種類がメインの選択肢となる。きれいなレストランでは英語のメニューがあることも多いが、街食堂はほとんどがペルシア語のみとなるためGoogleレンズなどの翻訳アプリを駆使しよう。また、ファストフード店でも牛やラムのタン（ペルシア語で「ザバーン」）のサンドなどイランならではのメニューも楽しめるのでこちらもおすすめ。イラン料理に疲れたら、カフェなどで提供しているピザやパスタでリフレッシュしてみるのもいいだろう。

ローカルなキャバーブ屋では基本的に英語は通じない。だが、店頭に肉を並べている店が多く、身振り手振りだけで注文することも可能なのでチャレンジしてみて！

おすすめ一品料理

主食やメインとなるおかず以外にも、イランには魅力的な料理が数多くある。
各地域を代表するような郷土料理も豊富なので、
イランを訪れた際は各都市の名物料理を食べることも忘れずに。
その一部を紹介しよう

マースト・ムーシール

ماست موشیر

　イランはヨーグルトを使った料理も多くあり、代表
的なものがこのニンニク入りヨーグルト。日本人から
すると「ニンニク!?」と思うかもしれないが、濃厚なニ
ンニクとミントのさっぱり感が絶妙に融合している。
そのままでもいいし、ナンやライスにも合う。

サラダ・シーラーズィー

سالاد شیرازی

　イランでもっともポピュラーなサラダ。サイコロ状
に細かく切ったきゅうりやトマトをハーブ、オリーブ
オイル、レモンやライムなどで和えたさっぱり味だ。
イラン人は酸っぱいものが好きな人が多く、稀にかな
り酸っぱいものも出てくる。苦手な人は注意。

ميرزا قاسمی

ミルザ・ガセミ

　イラン北部のカスピ海沿岸地域の郷
土料理。ナス、卵、トマトをニンニク
や塩、胡椒とともに焼き、ナンをディ
ップして食べる。ナスとニンニクの香
ばしさが食欲を刺激し、ナンをちぎる
手が止まらなくなる。日本人にもとて
も食べやすく人気が高い一皿だ。

ホレシュト・マースト

　ヨーグルトに砂糖やローズウォーター、サフラン、さらには砕いた玉ねぎや肉を入れたエスファハーンの名物料理。通常はおかずとして食べられることが多いが、砂糖も多く入っているため、デザートとしても楽しめる。エスファハーンではぜひ食べてほしい。

クフテ・タブリーズィー

　巨大な肉団子をトマトソースで煮込むタブリーズの名物料理。つくり手によって中身の具材が異なり、ゆで卵を1個丸ごと入れるのが主流だが、その代わりにドライフルーツやナッツを入れる場合もある。タブリーズを訪れたなら絶対に食べるべき料理だ。

イラン版ホルモンスープ？

　イランでは昔からホルモン料理が安くてうまいB級グルメとして下町を中心に愛されてきた。その代表格がキャレ・パチェ。キャレは「頭」、パチェは「足」を意味し、文字どおり頭から足まで羊を余すことなく煮込んだ料理で、鍋を覗くと頭蓋骨や脳みそ、内臓まで見ることができるヘビーな一品だ。非常に脂っこいのだが、イランでは朝に食べ、一日の活力とするのが一般的。

　羊のすべてのエキスが濃縮されたその味は、クセはあるものの、豚骨スープに通ずるものもあって、筆者の経験では日本人の好き嫌いは半々くらいの印象だ。

上・キャレ・パチェを調理中の鍋の中を見せてもらうと、そこには……非常に生々しい世界が広がっていたのであった／下・様々な部位が入っているので、いろいろな食感を楽しめるのも魅力。ただし、脂分がかなり多いため食べすぎには十分注意

飲み物、スイーツ

料理のお供となる飲み物や食後のデザートも魅力的な品がいっぱい。
とくにデザートはサフランやローズウォーターを使用した
「イランならでは」の味も多い。
食後まで存分に「イラン」を楽しんでもらいたい

ドゥーグ دوغ

　イランの国民的ヨーグルトドリンク、それがドゥーグだ。日本だとヨーグルトには砂糖を入れたくなるが、イランでは塩やミントを入れてすっきりと仕上げる。キャバーブなど肉料理との相性が抜群だ。発酵の度合いや炭酸の有無など、店によって違いがある。

シャルバット شربت

　こちらはイランの国民的ジュース。甘いシロップを溶かしたジュースで、オレンジやサワーチェリーなど様々なフレーバーがある。バジルシードが入っているものも人気だ。レストランでの食事のお供に、街歩き中のカフェでのひと時に、いろいろなフレーバーを試してみよう。

ショレ・ザルド شله زرد

　イランにおける家庭的かつ伝統的なライスプリン。米を砂糖、サフラン、ローズウォーターで煮詰め、仕上げにナッツやシナモンでデコレーションをすれば完成だ。結婚式や記念日など、大切な日に振る舞われることが多い。メインはお米なので食べ応えもあり、小腹がすいたときにもおすすめ。

بستنی سنتی
バスタニ・ソンナティ

　直訳すると「伝統的アイス」という意味で、サフランとローズウォーター味のアイス。この二つの組み合わせは代表的な「イラン伝統の味」で、お菓子のフレーバーなどでもよく目にする。口に入れた瞬間に広がるバラの風味がイランらしく、クセになる味。

ファールーデ
فالوده

　シーラーズの名物アイス。パリパリに凍らせた麺状のアイスが独特の食感を生み出している。味はローズウォーターシロップがベースで、レモンやライム、ザクロなどさっぱり系の味が人気。イラン版かき氷のようなイメージで、とくに夏には欠かせない！

イランはジュース天国

　イランでぜひ楽しんでいただきたいのが生搾りジュースだ。イランはフルーツの生産量が多く、街中にはスイカやメロン、オレンジなど様々なフルーツを使用したジューススタンドが並ぶ。しかも1杯100円前後と安い。

　なかでもおすすめしたいのがザクロジュースだ。ザクロの収穫時期の秋になると街中でよく見られる。1杯でザクロを6〜7個ほど使用するのだが、日本だとザクロは1個300円ほどするので、日本人にとって「かなり貴重」なフレッシュザクロジュースもイランなら100〜200円ほどで楽しめる。

目の前でザクロを搾ってくれるジューススタンド。イランを訪れた際は各都市で充実したジュースライフをお楽しみください！

イランは紅茶をこよなく愛する国！
イラン式チャイの嗜み方

イランの食文化に欠かせない重大要素、それは紅茶。伝統的な喫茶店であるチャイハーネはじめ、自宅やホテル、レストランなどどこでも紅茶は欠かせない。ここではイラン式の紅茶（チャイ）の楽しみ方を紹介しよう

こちらは博物館で飾られているサモワール。博物館に収蔵されるほど、イランの文化を語るうえで欠かせないアイテムということだ

一家に1台、サモワール

　イラン人は朝昼夜問わず、とにかく1日中紅茶を飲む。そこで欠かせないのが「サモワール」と呼ばれる給茶器。イランの紅茶文化は19世紀ガージャール朝の時代に根づいたとされており、その時代にサモワールはロシアからやってきた。

　当初は貴族のシンボルのような高級品だったがやがて一般化し、今では一家に1台はある存在となった。電気やガスでお湯を沸かし、その熱で上部に置かれたティーポットを保温する。紅茶は時間が経つと濃くなるので、飲むときは中央下部の蛇口から沸いているお湯を注いで適度に薄めて飲む。これにより一日中、おいしい紅茶が飲めるのである。

　グラスなどチャイ関連のグッズにはシャーの顔が描かれている。そのシャーとはガージャール朝の4代目の王、ナーセロッディーン・シャーのこと。彼が描かれている理由としては、王として絶大な人気を……という訳ではなく、ただ彼の時代に紅茶文化が広まったから、といわれている。

シャーのグラスはお土産にも人気。クオリティにもよるが安価なものだと6組1セットで2000円ほどで売られているものもある

友人宅のおもてなしチャイセット。ガンドと呼ばれる角砂糖を口に入れて紅茶をすすり、口の中で溶かしながら飲むのがイラン流

どこでも「チャイ・ミホリー?」

　1回のイラン旅行で100回は聞く言葉、それが「チャイ・ミホリー?(紅茶飲む?)」。お店に行っても、友人宅にお邪魔しても、ホテルの中庭で寛いでいても、車での移動中でも、道端で談笑しているときでも、いつでもどこでもチャイをすすめてくれる。

イラン流のチャイの飲み方

　イランで飲まれるチャイは、アールグレイが多い。カルダモンやシナモンなどのスパイス類をお好みでブレンドし、紅茶を淹れる。飲む際は「ナバート」というサフランのロックキャンディーも欠かせない。また、「ゴレ・ムハンマディー」と呼ばれるダマスクローズを添えることも多い。これによって、バラの香りが豊かに漂う優雅なチャイタイムを過ごすことができる。

上・ナバートを少量溶かすだけでも、いつものアールグレイがイランの味に。1杯で1本だと甘すぎるので、少しずつ溶かすのがおすすめ／左・ゴレ・ムハンマディーはバザールなどでグラム単位で買うのが一般的だが、小分けのものがスーパーでも売っている。お土産にもいい

上・シーラーズのシリニ屋で売られていた詰め合わせのセット。すべてが美味で、もちろんチャイとの相性も抜群だ／下・エスファハーン名物の揚げ菓子で、その形から「象の耳」の意味を持つグーシェ・フィール(右下)。お茶にもドゥーグにも合う

お茶請けの種類も豊富

　紅茶文化が非常に発達したイランでは、お茶請けの役割も持つスイーツ類の種類が豊富だ。甘味は「シリニ」と呼ばれるのだが、クッキー類はじめ、とにかくいろいろなシリニがある。街ごとに名物シリニが複数あり、行く先々で新たな甘味との出会いがあるのもイランでの楽しみ。

美しい空間で、
おいしい料理を！

レストランの建築美

イランには建築にこだわったレストランも数多く存在する。
料理も楽しみ、その建築も楽しむことで、一度で2倍「おいしい」お食事時間に！
ここでは筆者おすすめの代表的な4つのレストランを紹介しよう

ホワイト&ゴールドを基調に、伝統的な絵画で彩られた内装が特徴的。
まるで宮殿のようにゴージャスな空間で食事ができる

ステンドグラスが美しいメインフロア。予算は一人
2000〜3000円ほどと、さすがにイランのレストランで
は高価格帯になる

Shahrzad Restaurant
シャフルザード・レストラン

エスファハーン

エスファハーン中心部にあり、イランでもっとも有名なレストランの一つ。ガージャール建築がベースの美しい内装を楽しめるのはもちろん、国内トップクラスのクオリティのペルシア料理の数々を楽しむことができる。

Sharze Restaurant
シャルゼ・レストラン

シーラーズ

シーラーズで人気のシャルゼ・レストランでは、まるで中庭を囲むかのような伝統的なイランの2階建て建築が楽しめる。シーラーズでもっとも有名なレストランの一つで、味のクオリティも非常に高い。

イランの伝統建築の特徴である左右対称の造りが美しい。人気
レストランだが肩肘張らずにカジュアルに楽しむことができる

開放感のある伝統的なドーム型の造りと、
鮮やかなブルーで統一された内装が美しい

ピアノの生演奏もあり、
ゴージャスな時間を過
ごすことができる

Lidoma Restaurant
リドマ・レストラン

テヘラン

　テヘラン北部のDistrict 2にある高級ショッ
ピングモール、リドマモールの最上階にある
レストラン。天井の高いドーム型の建築が非
常に美しい。テヘランの夜景も楽しめるこの
レストランは、デートや記念日のディナーの
場としても人気が高い。イランでは高級レス
トランの部類に属し、予算はディナーで一人
3000~4000円ほど。

Jarchibashi Restaurant
ジャールチーバーシー・レストラン

エスファハーン

　エスファハーンのナグシェ・ジャハーン北
に位置し、サファヴィー朝時代のハマーム
（公衆浴場）を改装して営業している。ステー
ジがあって伝統音楽の演奏も楽しめる、旅行
者に人気が高いレストランだ。

上・レストラン内の様子。ハマームを改装したレストランやお店はたま
にあるが、これほどまで美しい施設はほかにはない／左・エントランス
から店内につながる通路にはイランの伝統的な絵画が描かれていて、
入店時からテンションを上げてくれる

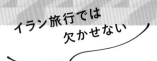

カフェでまったり時間を

紅茶文化が発達したイランではあるが、
近年は素敵なカフェも増えてきて、コーヒーを楽しむこともできる。
限られた旅行時間を有効活用し、
カフェでのまったり時間もぜひ楽しんでみてほしい

ホテルの中庭でまったりと

ペルシア建築の大きな特徴が、建物に囲ま
れるように敷地の中央に広がる中庭。とくに
伝統的な造りのヒストリカルホテルには必ず
素敵な中庭がある。そこでまったりと過ごす
チャイタイムも、イラン旅行の楽しみの一つ。
ただ、やはり日中は各都市見るべきスポット
が豊富にあるので、ゆっくり寛ぐのであれば
観光スポットが閉まった夜がベスト。限られ
た時間を有効活用しよう。

エスファハーンのアッバーシーホテルの中庭。夜のチャイタイム
は日中の観光疲れを癒してくれる、まさに魔法の時間だ

ヤズドのホテルの中庭。このようなイラン式の座敷が設置されている中庭カフェも多く、足を伸ばしてゆっくりと寛ぐことができる

お洒落カフェも急増中

　近年イランではお洒落カフェが激増中。その理由の一つがInstagram。イランはTwitter（現X）やFacebookなどのSNSが政府のネット規制によって使用できないことから、規制がかけられていないInstagramのユーザーが非常に多く[※]、その影響で「インスタ映え」するスポットが劇的に増えた。さらには伝統的な中庭文化の影響でオープンカフェがたくさんあり、天気のよい日は心地よくカフェタイムを楽しむことができる。とくに首都のテヘランは現代的なお洒落カフェが非常に多い。

もちろんコーヒーも楽しめる

　少し前まではイランでコーヒーというと、ネスカフェなどのインスタントコーヒーが主流であった。しかし、近年はカフェ文化の人気が高まり、本格的なコーヒーもいたるところで飲めるようになった。

　現在、イランではエスプレッソ式がポピュラーで、カフェラテやカフェモカなどのスタンダードメニューはもちろん、アフォガード

左から／街角に立つコーヒースタンド。本格エスプレッソマシーンで淹れるカフェラテも1杯100〜200円ほどで楽しめる／「お洒落カフェ」といえども、モダンなものよりクラシカルな「お洒落」が多い。イランの街の雰囲気ともマッチする

などのデザートメニューも充実している。

　また、近年はコーヒースタンドもかなり多くなってきて、路上で気軽にエスプレッソが楽しめる。日本のコンビニコーヒーの感覚でエスプレッソが楽しめるのは、コーヒー好きにとってはかなりうれしい。

イランならではのメニュー

　ただ、どれだけコーヒーがポピュラーになってきたといっても、やはり「イランらしいメニュー」を楽しみたいところ。

　ドリンクでいえばP.096で紹介したシャルバットがおすすめなのだが、シャルバットでも「もっともイランらしい」フレーバーがシャルバテ・セカンジャビーン。セカンジャビーンとは「酢と蜂蜜」のことで、両者を煮詰めてつくったシロップを水で薄め、きゅうりとハーブを入れたすっきりとした味わいが特徴だ。飲み物にきゅうりが入っているのは独特ではあるが、その味は暑い夏にはぴったり。

テヘランにあるお洒落カフェ、Godar House。テヘラン大学のすぐ裏にあることから、学生を中心に若者が多く集まる

※2022年9月に起こった全国的な反政府抗議活動の影響で、残念ながらInstagramも規制対象となりVPNが必要となった

シャルバテ・セカンジャビーン。古代から飲まれてきたといわれる、イラン最古の飲み物の一つ。すっきりした味わいだ

家庭で味わうイランの味

- - - - - - - - - - - - - - - - - - - -

フェセンジャーンをつくってみよう

家庭でもイランの味を楽しみたい！　という人も少なくないだろ
う。ペルシア料理教室の先生として日本で活躍するナヒード・
ニクザッドさんに、日本でも手に入る食材を使用した、家庭で
も手軽につくることができる料理、フェセンジャーンの調理法を
教えていただいた

ご自身でペルシア料理教室
を主宰するナヒード先生。
日本の家庭でもつくれる彼
女のレシピは人気が高く、
料理教室はいつも満席だ

イランの家庭でもよくつくられるフェセンジャーン。
独特の甘酸っぱさは日本の料理にはあまりなく、クセになる味だ

フェセンジャーンとは？

ペルシア料理を代表する煮込み料理の一つ。クルミの渋みと砂糖の甘味、
そしてこの料理の主役であるザクロの酸味が絶妙にマッチした、複雑か
つ濃厚な味が楽しめる一品。サフランライスや白米との相性もよい。

ザクロペーストは料理以外でも炭酸で割るジュースやヨーグルトのトッピングにもぴったり。オリーブオイルと酢を混ぜ、ドレッシングをつくるのもおすすめ

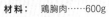

材料：
（4人分）

鶏胸肉……600g

玉ねぎ……大1個

クルミ……150g

ザクロペースト……大さじ3

ブラウンシュガー……大さじ2

水……1カップ

油……大さじ2

塩、胡椒、ターメリック……適量

サフラン（あれば）……小さじ半分

作り方：

①　玉ねぎはみじん切り、鶏胸肉は大きめに切っておく。サフランはすり潰し、大さじ1〜2のお湯に浸して色出ししておく。

②　ブレンダーで細かく砕いたクルミをフライパンに入れ弱火で煎る。

③　クルミに少し色がついたら水を入れ、10分間煮る。その後、ブラウンシュガーを加え、さらに10分間煮る。

④　油大さじ2を入れた別のフライパンで玉ねぎを炒める。少し色が変わったら塩、胡椒、ターメリックを入れ1分ほど炒める。

⑤　炒めた玉ねぎと鶏胸肉を③のフライパンに入れ、10分間煮る。

⑥　ザクロペーストとサフランを加え、定期的に混ぜながら1時間ほど煮て完成！

クルミはできるだけ細かく砕いておこう（②）

クルミは焦げやすいので目を離さないように（②）

ターメリックは少量ずつ入れていこう（④）

フェセンジャーンの主役であるザクロペーストは、日本でもオンライン等で購入可能（⑥）

時間に余裕があれば弱火で長時間煮込んでみよう。さらにおいしくなること間違いなし（⑥）

05.

イランは魅力的な観光スポットであふれる国。
初回のイラン旅行での訪問先として人気のテヘラン、エスファハーン、
シーラーズ、ヤズドの4都市を中心に、
厳選したおすすめ観光スポットをご紹介

ここだけは絶対見逃せない！
イラン主要都市
必見スポット紹介

中東最大級のエネルギッシュな街

Tehran
テヘラン

テヘランの下町にあるタマドン通り。近年はこのような現代的な
お洒落スポットも急増中

◎テヘラン市街地
- テヘラン北部
- Ｓ イランモール
- リドマ・レストラン Ｒ
- Ｓ バムランド
- ミラド・タワー
- タビアト大橋
- 絨毯博物館
- テヘラン南部
- アザディ・タワー
- メヘラバード空港
- 芸術博物館
- イマームホメイニー空港
- テヘラン中央駅

◎テヘラン北部
- ダルバンド
- サアダバード宮殿
- トーチャールへのエントランス
- 時計博物館
- タジュリーシュ バザール Ｓ
- 映画博物館
- 在イラン日本国大使館
- Ｓ パラディウムショッピングセンター

◎テヘラン南部
- ヴァリアスルスクエア
- 在テヘラン旧アメリカ大使館
- タマドン通り
- ガラス博物館
- イラン国立宝石博物館
- イラン国立博物館
- イマームホメイニースクエア
- ゴレスターン宮殿
- ラザーズホテル Ｈ
- Ｒ モスレム
- Ｓ グランドバザール

テヘランはどんな街？

　イランの首都。歴史はイランの他都市と比較して浅く、18世紀末にこの地でガージャール朝が開かれてから栄えた。現在では人口800万人を超える中東最大級の都市となる。その魅力は華やかな芸術が特徴のガージャール文化に触れられること。さらに首都ということでイランの歴史や文化を存分に楽しめる博物館や美術館が豊富だ。また、現代のイランのトレンドの中心地でもあり、お洒落スポットも他都市とくらべて圧倒的に多い。

テヘランの楽しみ方と必要日数

　テヘランは地理的に広大で渋滞も多いため、日ごとに各エリアを楽しむのがいい。1日目は北部の現代的なエリア、2日目は南部の下町、3日目は新興地帯の西部エリアなどがおすすめ。ただ、北部と南部エリアは訪れるべき博物館が多く、1日ですべてまわるのは不可能。テヘランはイランの玄関口として旅行のたびに訪れる都市になるので、複数回に分けてまわるのもいいだろう。

上から／テヘラン北部のタジュリーシュバザールは観光もしやすいサイズ／テヘラン西部のバムランドは現代的なショッピングモール／街歩き中でも、このようなイランらしいアートを目にすることができる

メインホールに鎮座する4代目の王、ナーセロッディーン・シャー。彼の肖像画はガージャール文化のシンボルとして食器やアートなど様々な場面で見る機会が多い

Golestan Palace

ゴレスターン宮殿

ガージャール芸術が詰まった宮殿

كاخ گلستان

19世紀ガージャール朝の宮殿。ガージャール朝期は西洋とペルシアの文化が融合し、建築や絵画など多方面で美しい文化が誕生した時代で、ここではそれらを楽しむことができる。ペルシア庭園を囲むように建つ建物の外壁には多種多様なタイルアートがびっしりと敷き詰められ、内部では煌びやかなミラーホールなど豪華絢爛な建築を見ることができる。現在は博物館として営業しており、数多くのガージャール絵画や工芸品をはじめ、世界各国の美術品、骨董品が展示されている。すべてを楽しむのであれば3〜4時間は必要。

上・煌びやかに輝く豪華絢爛なミラー張りの内装もこの時代の建築の特徴の一つ／右上・建物の外壁に埋め込まれているタイルアート。無数のデザインを楽しむことができる／右下・博物館に並ぶガージャール朝時代の美術品。芸術品として価値の高い展示品が多く並ぶ

イランモールでもっとも人気が高いのがこの図書館エリア。とてもショッピングモールの一部とは思えないそのクオリティには驚きを隠せない

Iran Mall イランモール

イランが誇る世界最大のモール

ایران مال

2018年に「世界最大のショッピングモール」という触れ込みでオープンした。テヘラン西部の新興地域に位置し、テヘラン中心部からは車で1時間ほど。かなり建築美にこだわってつくられたモールで、とくにクラシカルに仕上げられた図書館が美しい。イランの伝統建築を基調としたホールやカフェなどがあり「建築博物館」としても楽しめる。将来的には敷地内にホテルもオープン予定とのこと。なお、肝心のショッピングエリアに関しては、2023年現在でもなお未オープンのセクションも多く、今後に期待が高まる。

上・伝統的な建築でつくられたカフェ。シャルバットなどのメニューが楽しめる／右上・エントランスでは音楽とともに踊る噴水がお出迎え／右下・建設中のショップの壁には欧州の高級ブランドの看板が掲げられている。経済制裁の関係などで本当にオープンするのだろうか？

バザールの北門。一歩バザール内へと足を踏み入れれば、あふれんばかりの人の多さに圧倒される

Grand Bazaar グランドバザール

日常の中心となるモンスター級バザール

بازار بزرگ

　市民の生活の中心となるバザールは各都市にあるが、最大級の規模を誇るのがテヘランの下町にあるグランドバザール。日用品や食材をはじめ、お土産から高級絨毯、宝石類までなんでもそろう。いつでもにぎわっているこのバザールを訪れると「いかにイランがエネルギッシュな国なのか」がひしひしと伝わる。迷路のように入り組んでいるので、Googleマップで現在地を確認しながら歩くのがおすすめ。なお、テヘラン北部のタジュリーシュにも有名なバザールがあり、こちらはそれほど大きくなく観光もしやすい。

上・内部は伝統的な装飾が施されたセクションが多く、美しい／右上・バザールには名物店舗が多く、こちらは長年にわたって数百種類の鉛筆を販売するラフィおじさんの鉛筆ショップ／右下・とにかく人が多いのがこのバザールの特徴。スリなどには十分注意が必要となる

中庭に面したスイートルームはもっとも人気の
部屋。細部の装飾にもこだわっていて美しい

Razaaz Hotel ラザーズホテル

伝統的建築を楽しめるヒストリカルホテル

بوتیک هتل پهلوان رزاز

　テヘランの下町にあるラザーズホテル
は、伝統的な家屋をベースにしたヒストリ
カルホテル。このようなヒストリカルホテ
ルをイランでは「ブティックホテル」とも
呼ぶ。ここは建築だけでなく、室内の家具
や内装もガージャール朝期のテイストを取
り入れ、客室ではグレードによって様々な
タイプの内装を楽しめる。中庭もとても素
敵で、優雅なティータイムを満喫したい。
注意点としては、このようなヒストリカル
ホテルは下町の入り組んだ路地にある場合
が多く、夜は人通りが少なくなるので外出
の際は気をつける必要がある。

左から／メインの中
庭。中央には噴水があ
り、とてもイランらしい
平和な時間を過ごす
ことができる／共用ス
ペースにはタイルアー
トなどの美しい装飾
が施されている

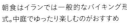

朝食はイランでは一般的なバイキング形
式。中庭でゆったり楽しむのがおすすめ

ターチンは見た目も鮮やかで香り高い。味だけでなく目と鼻でも楽しむことができる

Moslem モスレム

絶品のターチンが楽しめる人気店

رستوران مسلم

　グランドバザール近くにある、テヘランでもっとも人気のレストランの一つ。看板メニューはヨーグルトやバター、サフランなどで炊き上げたライスケーキのようなターチン。濃厚で香り高い、イランならではの味を楽しめる。日本ではなかなか食べることができないのでぜひここで味わってほしい。オーダーは半セルフサービス。トレーを持って列に並び、サラダや飲み物などを各自取り、レジにて料理をオーダーする。その後、席を案内され、料理は席まで持ってきてくれる。量は非常に多いが、残った分はテイクアウトできる。

上・入り口はわかりにくいがこの看板が目印。お店は階段を上って2階にある／右上・鶏肉と一緒に食べるのが一般的。英語メニューもあるのでご安心を／右下・店内は一般的な食堂のような感じなので肩肘張らず気軽に楽しむことができる

テヘランでは博物館めぐりがおすすめ

上・ターコイズグリーンの独特な建築がかわいい時計博物館。世界中から集められたアンティーク時計が展示されている／右・パフラヴィー朝時代の宮殿であったサアダバードも博物館として営業中

テヘランは歴史が浅いため遺跡などの歴史的な観光スポットは少ない。だが、首都であるゆえ博物館や美術館が数多くあり、全国各地から集まってきた出土品や美術品が展示されている。

旅行者の間でとくに人気が高いのが、イランの歴史を古代から現代まで学ぶことができる国立博物館、信じられないほどの豪華絢爛な宝石類を見ることができる宝石博物館、そして100以上の展示物とともにペルシア絨毯について学ぶことができる絨毯博物館。

国立博物館にはイラン国内の各遺跡からの出土品も多く集まり、とても勉強になる

そのほかにも多数の博物館、美術館があるが、それらの情報を探すのはGoogleマップが便利。「tehran museum」などと検索すると多数ヒットするので、気になった場所があれば詳しく調べてみよう。

絨毯博物館には歴史的価値の高い絨毯も多数展示されている

サファヴィー文化が輝く街

Esfahan

エスファハーン

シャイフ・ロトフォッラー・モスクのメインホールへと続く回廊。
美しいタイルアートが幻想的な世界へと誘ってくれる

◎エスファハーン市街地 エスファハーン空港✈

- アリ・ゴリ・アガー ヒストリカルバス
- エスファハーンの ジャーメ・モスク
- アザム・ビリヤニ R
- イマームアリスクエア
- ナグシェ・ジャハーン周辺
- ナグシェ・ジャハーン（イマーム広場）
- ガスル・モンシホテル H
- モラバシーハウス
- シャフルザード・レストラン R
- スィー・オ・セ橋
- チュービー橋
- ハージュ橋
- ヴァンク教会
- ジョルファー地区
- ↓エスファハーン駅

◎ナグシェ・ジャハーン周辺

- ジャールチーバーシー・レストラン R
- ゲイサリーエ門
- アザデガーンティーハウス
- シャイフ・ロトフォッラー・モスク
- アリ・ガプ宮殿
- ナグシェ・ジャハーン（イマーム広場）
- チェヘル・ソトゥーン
- シャー・モスク
- ハシュト・ベヘシュト宮殿
- 音楽博物館
- アッパーシーホテル H

エスファハーンはどんな街？

エスファハーンは16世紀サファヴィー朝の首都として栄えた歴史ある街。この時代は建築や手工芸がとくに栄え、現在でも随所でそれらの名残を楽しむことができるイランでもっとも人気の観光都市だ。東西に流れるザーヤンデ川の北側にはナグシェ・ジャハーン（イマーム広場）を中心に観光スポットが集まっている。その南側にはアルメニア系イラン人の街、ジョルファー地区があり、ここならではの空気感を楽しむことができる。

エスファハーンの楽しみ方と必要日数

イラン屈指の観光都市だけあって、エスファハーンには観るべきスポットがとても多い。観光にくわえてショッピングもゆっくり楽しみたいのであれば丸2日間は必要だ。1日目はナグシェ・ジャハーンとその周辺をまわり、2日目はジョルファー地区と1日目にまわりきれなかったスポットを訪れるのがおすすめ。夜はナグシェ・ジャハーンやザーヤンデ川近辺の夜景も楽しみたい。

上から／世界遺産でもあるエスファハーンのジャーメ・モスクはイランでも最大級のモスク／ザーヤンデ川に架かるスィー・オ・セ橋は街の中心部に位置する市民の憩いの場／エスファハーン南部にある岩山、ソッフェ。ハイキングやピクニックスポットとして地元民に愛されている

約500m×150mの美しく整備された広大な広場は昼夜問わず多くのイラン人でにぎわう。その壮大な歴史はもちろん、イランの平和的な日常も感じることができる

Naqsh-e Jahan Square

ナグシェ・ジャハーン

今も昔もエスファハーンの中心

ميدان نقش جهان

夏には広場の噴水で遊ぶ子どもたちも多く、日常の平和が感じられるスポットでもある

イランの歴史上もっとも栄えた時代の一つが17世紀のサファヴィー朝。「世界の半分」と称されるまで繁栄した当時のサファヴィー朝の中心地がこのナグシェ・ジャハーンだ。現代では「イマーム広場」とも呼ばれる。複合施設となっており、東にはシャイフ・ロトフォッラー・モスク、南にはシャー・モスク、西にはアリ・ガプ宮殿が併設する。周囲の回廊はバザールとなっており、伝統工芸品店はじめ様々なお店が並ぶ。観光地として魅力的で時間が許すなら朝から晩までここで過ごしたい。公園内は市民の憩いの場となっている。

上・夜のライトアップも素敵で一日中いても楽しい／右・お土産屋さんが並ぶ周囲の回廊は旅行者に人気のショッピングスポットとなっている

内部のアート。ここの美しさはとてもじゃない
が写真では表現しきれない。ぜひ現地を訪れ、
その目その肌で感じてほしい

Sheikh Lotfollah Mosque
シャイフ・ロトフォッラー・モスク

ペルシア建築の最高傑作

مسجد شيخ لطف الله

　ナグシェ・ジャハーンの東に
位置するこのモスクは、かつては
王族専用のモスクとして使用さ
れていた。モスクの内部は細密な
タイルアートで覆われており、中
に入るとまるでアートのシャワ
ーを浴びているかのような錯覚
に陥る。その美しさは「ペルシア
建築の最高傑作」とも呼ばれるほ
ど。天井のドーム部は孔雀の羽が
モチーフとなっていて、中央部か
ら差し込む光は「孔雀の尾ひれ」
と呼ばれている。

上・正面のアリ・ガプ宮殿のテラスから見た
外見／左・孔雀がモチーフとなっているドー
ム部のアート／下・内部にはイスラームの啓
典であるクルアーンの言葉が書かれている

シャー・モスクの正面入り口部。近くで見るとそのスケールに圧倒される

Shah Mosque
シャー・モスク

مسجد شاه

サファヴィー芸術の集大成

　ナグシェ・ジャハーンの南に位置し、王族専用のシャイフ・ロトフォッラーとは異なり大衆向けに建設された壮大なモスク。神学校も併設されている。その圧倒的な規模感はもちろん、それらをすべて覆い尽くすタイルアートも非常に美しい。ブルーとイエローを基調とした様々な柄のタイルアートは、まさにサファヴィー芸術の集大成だ。音響も建築的な特徴の一つとなっていて、礼拝堂は中央部から発する音には美しいエコーが響くように設計されている。現代の音響建築の学者たちの研究対象となっているほどだ。

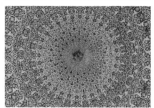

左・礼拝堂の内部はサファヴィースタイルのアートで埋め尽くされている／右上・通路にもびっしりとタイルアートが並ぶ。緻密な計算のもと表現される幾何学模様はイスラーム芸術の最たる特徴／右・礼拝堂の天井部のアート。引き込まれそうな美しさ

モラバシーハウスでもっとも豪華な装飾が施されている部屋。この豪華絢爛な建築様式こそがガージャール建築の魅力でもある

Mollabashi House
モラバシーハウス

خانه تاریخی ملاباشی

豪華絢爛なガージャール建築

　ガージャール朝時代の天文学者が所有していたこのヒストリカルハウスは近年、エスファハーンで人気急上昇中のスポット。右を見ればステンドグラス、左を見ればミラータイル、天井からはシャンデリアが吊り下げられ、そして床には最高級のペルシア絨毯というもはや「豪華絢爛」という言葉でさえも物足りなく感じてしまうほどの美しさを味わえる。合計10の部屋で構成されるモラバシーハウスは、中庭にもガージャール時代の肖像画はじめ素敵なアートが多く施されている。

上・壁一面がステンドグラスというなんともぜいたくな建築／左・中庭に描かれているガージャールアート

建物自体はこじんまりとしていてかわいらしさを感じる

壁と天井を埋め尽くす豪華絢爛なフレスコ画。「隙間なくアートを敷き詰める」という点は、モスクのアートやペルシア絨毯などにも見られるペルシア芸術の特徴の一つでもある

Vank Cathedral
ヴァンク教会

金色に輝くアルメニア教会

كليساى وانك

エスファハーン中心部から南下し、ザーヤンデ川を越えた先にアルメニア人居住地区がある。そこに位置するのがこのヴァンク教会だ。外見はモスクのようだが、内部はゴールドを基調としたキリスト教の宗教画が壁一面に描かれている。サファヴィー朝期に建てられた教会で、壁画にはモスクのタイルアートでも頻繁に見られる唐草模様なども描かれており、エスファハーンらしさも感じられる。アルメニア人居住地区の雰囲気はイランの街並みと少し異なり、とくにクリスマスシーズンなどはキリスト教の文化を感じることができる。

上・ヴァンク教会の外観。エスファハーンらしいドームやタイルアートのなかに十字架が見られる／左・ヴァンク教会近くのカフェで飾られていたクリスマスツリー。クリスマスシーズンは地区全体がお祝いムードに包まれる

朝食会場ともなるメインのレストラン。広々とした
豪華な造りで、優雅なひと時を過ごすことができる

Abbashi Hotel
アッバーシーホテル

هتل عباسی

400年の歴史を誇るホテル

　イランには素敵なホテルがたくさんあるが、もっとも有
名なホテルがこのアッバーシーホテルだ。17世紀に建て
られたキャラバンサライ（隊商宿）をベースにしたホテルで
広大な中庭と豪華な内装が特徴的。とくに本物の宮殿のよ
うなサファヴィースイートは圧巻の美しさ。2部屋しかな
くイラン人でもなかなか予約ができないので、もし泊まれ
れば超ラッキーかもしれない。なお、宿泊客でなくても館
内のカフェなどは利用できる。観光スポットとして訪れる
のもおすすめだ。

左・庭園も広々としている。カフェも併
設されており、優雅なティータイムを
過ごすことができる／右上・2部屋しか
ないサファヴィースイート。偶然にも
訪問当日にキャンセルが発生し、写真
だけ撮影させてもらえることになった
／右・庭園は夜のライトアップも素敵

肉は2種類で提供される。非常に脂っこいので付け合わせのハーブや玉ねぎなどで口をフレッシュにしながら食べるのがおすすめ

Azam Beryani アザム・ビリヤニ

クセのあるエスファハーン名物

بریانی اعظم

　ビリヤニといえばインドの炊き込みご飯が有名だが、イランでビリヤニといえばエスファハーンの名物料理を指す。様々なホルモンのミンチをミックスし、ハンバーグのように焼き上げてナンとともに食すのがイランのビリヤニだ。味は「B級ホルモン料理」のようにクセがあるので好き嫌いがはっきりするが、エスファハーンを訪れた際はぜひトライしてみてほしい。エスファハーンにはビリヤニ屋がいくつもあり、人気が高いのがこのアザム・ビリヤニで市内に2店舗ある。細かい場所はGoogleマップなどでチェックしよう。

アザム・ビリヤニはオープンキッチンで調理工程を見ることができる

アザム・ビリヤニの店構え。上の文字は「ビリヤーニー」で下の文字は「アザム」

エスファハーンは
ハンドクラフト天国

あらゆる手工芸品が並ぶナグシェ・ジャハーンの回廊バザール。買い物好きにはとても楽しく、時間がいくらあっても足りない

左から／銅やガラス製の食器を扱うショップ／タイル＆セラミック専門店。様々なテイストのタイルアートがあり、お土産としても人気が高い／手工芸品だけでなく、ギャズなどのご当地スイーツを扱う食品屋も多い

　エスファハーンはガラムカーリーやミーナーカーリーをはじめとした様々な伝統工芸品の本場で、工房やショップが多く存在する。サファヴィー朝政府は手工芸産業の活性化を政府主体で推し進め、その結果、政府のお膝元であるこの都市で手工芸文化がとくに栄えたというわけだ。

　とりわけナグシェ・ジャハーン周辺には伝統工芸品のショップが多く集まる。おすすめのまわり方は、広場に着いたらまず回廊をサクッと30分ほどで1周しながら、各店で気になったアイテムの価格を聞いてメモしておく。お店によって外国人に対するふっかけ具合が異なるので、複数のショップで価格を確認し、良心的な価格を提示してくれたショップにてじっくりと商品を選び、買い物をするといい。

バラが咲き、詩が踊る街

Shiraz
シーラーズ

シーラーズのシンボルであるバラの花をモチーフにした、ナスィーロル・モルク・モスクのタイルアート

◎シーラーズ近郊
　ヤズド
　パサルガダエ ●
　ナグシェ・ロスタム
　ナグシェ・ラジャブ
　ペルセポリス ●
　シーラーズ駅
　シーラーズ市街地
　↓ シーラーズ空港

◎シーラーズ市街地
　R ババ・パスタニ
　クルアーン門 ●
　エラム庭園
　ハーフェズ廟 ●
　サアディー廟 ●
　シャープーリーハウス ●
　キャリーム・ハーン城塞
　市街地拡大

◎市街地拡大
　キャリーム・ハーン城塞 ●
　パールス博物館 ●
　R シャルゼ・レストラン
　ヴァキール・バス ●
　S ヴァキール・バザール
　ヴァキール・モスク
　シャー・チェラーグ廟 ●
　ナスィーロル・モルク・モスク ●

シーラーズはどんな街？

　イランの南西部。シーラーズがあるファールス州はペルシアの歴史のはじまりの地として知られ、ペルシア帝国時代の遺跡であるペルセポリスもシーラーズ近郊にある。13〜14世紀にはサアディーやハーフェズなどペルシア文学を代表する詩人を輩出した。18世紀にはザンド朝の首都となり、19世紀にはガージャール朝下でタイルアートなどの芸術も栄えた。エスファハーンと並んで歴史が深く、観光地としても人気が高い都市だ。

シーラーズの楽しみ方と必要日数

　シーラーズはコンパクトな都市だ。エラム庭園やサアディー廟など郊外にある数箇所を除くと、観光はほとんど徒歩のみで完結できる。1日目は徒歩で中心地をまわり、2日目は車をチャーターして郊外のエラム庭園やペルセポリスなどの遺跡群を訪れるのがおすすめだ。ただ、遺跡群をゆっくりとまわりたい場合はさらにもう1日あるのが理想。

上から／シーラーズ北部にあるクルアーン門は街の玄関口／シーラーズ中心街にあるパールス博物館。展示品はもちろん内装も美しい／レストランとして営業するシャープーリーハウスはディナータイムのライトアップが美しい

朝日が差し込む9時から10時頃がこのモスクがもっとも美しくなる時間帯

Nasir-ol Molk Mosque
ナスィーロル・モルク・モスク

バラが咲き誇る芸術的なモスク

مسجد نصيرالملک

　ナスィーロル・モルク・モスクはバラの
街、シーラーズを代表する観光スポットで
あり、19世紀のガージャール朝時代に建
設された。バラが咲き誇るピンクを基調と
したタイルアートは、この時代のシーラー
ズで生まれたデザインだ。モスクの内外に
は美しいタイルアートが敷き詰められてお
り、イランのモスクのなかでも飛び抜けて
芸術性が高く、観光地としても人気が高い。
このモスクの最大の見どころは、ステンド
グラス越しに差し込む太陽の光がつくり出
す幻想的な光景。午後になると見られなく
なるので午前中に行くといい。

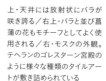

上・天井には放射状にバラが
咲き誇る／右上・バラと並び菖
蒲の花もモチーフとしてよく使
用される／右・モスクの外観。
テヘランのゴレスターン宮殿の
ように様々な種類のタイルアー
トが敷き詰められている

内部はまるで万華鏡の中に入り込んだかのような煌びやかな世界が広がる

Shah Chragh Shrine
シャー・チェラーグ廟

حرم حضرت شاهچراغ

「光の王」を祀る霊廟

　イマーム・レザーの兄弟であるアフマドが祀られ
ている霊廟で、イランのシーア派ではマシュハドの
イマーム・レザー廟、ゴムのファーティマ・マスメ
廟に次いで重要とされている聖地でもある。イラン
の霊廟は基本的にミラータイル張りで光り輝く内装
が多いのだが、そのなかでもこのシャー・チェラー
グ廟はとくに美しく、観光スポットとしても世界的
に人気が高い。入場の際は一眼レフカメラ等を含め
荷物を預ける必要がある。施設のスタッフがガイド
として付いてくれる場合が
あるので、指示に従って見
学させてもらおう。

上・この中に棺があ
り、巡礼者はここに
触れ、祈りを捧げる
／左・建物の周囲に
はサファヴィースタ
イルのタイルアート
が多く施されている

霊廟の全景。ドームの形が美しい。なお、建
物内部への入り口は男女によって異なるの
で、ほかの入場者の動きを見ながら間違わ
ないように注意しよう

街の中心に位置するキャリーム・ハーン城塞。シーラーズ観光はここが拠点となる

Karim Khan Citadel
キャリーム・ハーン城塞

ارگ کریم خان

城塞を中心とした城下町

シーラーズの街の中心に位置するのが18世紀ザンド朝時代に使用されていたキャリーム・ハーン城塞。高い城壁に囲まれた堅牢な城塞は街のシンボルとなっている。周囲は城下町として栄え、キャリーム・ハーンが好んで使用したといわれる称号「ヴァキール（人民の代理人）」を冠するスポットが多くある。代表的なものは礼拝堂を支える48本の柱が特徴的なヴァキール・モスク、当時のハマームを再現したヴァキール・バス、現在もシーラーズ市民の生活の中心となるヴァキール・バザールなど。いずれも徒歩でまわることができる。

上から／ザンド朝を代表する建築であるヴァキール・モスク／ほかの都市とは異なったテイストのヴァキール・ハマーム／シーラーズ近郊は絨毯産業が盛んなため、バザールにも多くの絨毯が並ぶ

宮殿を正面から見た光景。オフシーズンの冬に撮影したものなので
少し寂しい印象だが、春には花が咲き誇り、さらに美しさを増す

Eram Garden
エラム庭園

باغ ارم

「楽園」の名を持つペルシア庭園

　「ペルシア式庭園」として世界遺産に登録さ
れている9箇所の庭園のうち、もっとも旅行
者に人気が高い庭園が楽園（エラム）を冠す
るこのエラム庭園。季節ごとの花が咲く庭園
の中心には宮殿があり、ペルシア建築の特徴
でもある左右対称の姿が大変美しい。細部に
もシーラーズ特有のタイルアートや詩のカリ
グラフィーアートなどが施されていて、シー
ラーズならではの芸術を楽しむことができる。
なお、市内の中心部からは少し離れているの
でタクシーで行くのがおすすめ。

上・宮殿上部のタイルアート。細部の装飾も
見応えがある／右・観光客だけではなく、地
元民の憩いの場としても愛されている

現在の建物は1950年代に建てられた比較的新しいものだが、今も昔も多くの人が訪れ、サアディーを偲んでいる

Tomb of Saadi
サアディー廟

世界を旅した大詩人、サアディーの墓

سعديه

13世紀に生きたペルシア詩人、サアディーを祀る霊廟。シーラーズで生まれ、インドからアフリカにかけて約30年間の旅に出たサアディーは、シーラーズに戻ると旅の経験をもとにした詩集『果樹園』と『薔薇園』を出版、700年経過した今でも多くの人に愛されている。霊廟内にはサアディーの棺が置かれ、周囲には彼の詩とともに力強く生い茂る草木をモチーフにしたタイルアートが施されている。現在の10万リヤル札にはサアディー廟が印刷されているほど、イランの文化、歴史を語るうえでサアディーの存在は大きい。

上・建物内部に安置されているサアディーの棺のまわりは、彼の詩を記したタイルアートで装飾されている／左・地下には魚が泳ぐ池があり、訪問者はそこで願いをこめてコインや紙幣を投げる

緑豊かな庭園のなか、ハーフェズの棺を包み込むように建てられた特徴的なドーム。訪問者はこのドームの下に集い、彼を偲ぶ

Tomb of Hafez
ハーフェズ廟

偉大な詩人が眠る霊廟 ――――― حافظیه

　『シャー・ナーメ』の作者、フェルドウスィーと並び、イランでもっとも偉大な詩人として愛されているハーフェズが眠る霊廟。彼は14世紀のシーラーズで生きた大詩人だ。ハーフェズの棺は美しい庭園の中心に安置され、それを覆うようにダルヴィーシュ（イスラーム神秘主義の修行僧）の帽子をイメージしたドームが建つ。ドームの内側にも神秘的な幾何学模様のアートが広がっている。

　ハーフェズの詩は占いに使用されることも多く、彼の詩集から小鳥が一つの詩を選んでくれる、というハーフェズ占いを体験可能。

ハーフェズ占いのおじさん。定価はないが、外国人として500円ほどが目安。訪れた記念に占ってもらうのもいいだろう

上から／こちらが自身の詩が刻み込まれているハーフェズの棺／ドーム内部の幾何学模様の装飾は非常に細かく、美しい

シーラーズ出身の人からすると、子どもの頃から
通っている思い出の店という感覚が強いようだ

Baba Batani
ババ・バスタニ

بابا بستنی

アイスクリームの名店

　シーラーズィー（シーラーズ人）では知らない人はいな
い！ と言い切れるほど地元民に愛されているアイスクリ
ーム屋さんがこのババ・バスタニ。看板メニューはサフ
ランアイスとチョコアイスのミックスにピスタチオやコ
コナッツがトッピングされているスペシャルアイス。ぜ
いたくかつ濃厚なその味は何個でも食べたくなる。ほか
にもシーラーズ名物のファールーデなどもおすすめだ。

エラム庭園の近く
にあるのでその前
後に訪れるといい
だろう。

上・看板メニューであるスペシャルアイス／左・
メニューは豊富だが表記はペルシア語になる。オー
ダーの際は上の写真を見せるとスムーズだ

約2300年前にアレクサンドロス大王によって滅ぼされ、廃墟となったままのペルセポリス。今でもその時代のレリーフが多く残り、歴史を読み解くうえでも非常に価値が高いスポットである

古代文明の息吹を感じる
遺跡めぐり

　イラン旅行のハイライトの一つがペルシア帝国時代の遺跡めぐり。シーラーズ近郊には有名な遺跡が複数あるので、時間に余裕があれば車をチャーターして丸1日かけてまわるのがおすすめだ。

　まずはシーラーズ中心部から車で1時間ほどの場所にあるアケメネス朝時代の宮殿、ペルセポリスから。かなり広いので2時間は確保しておきたい。その次はアケメネス朝時代の歴代の王が眠るナグシェ・ロスタム。ペルセポリスから車で10分ほどの距離だ。最後にナグシェ・ロスタムから1時間ほど車を走らせてパサルガダエへ向かおう。アケメネス朝を開いたキュロス2世が眠る墓だ。

　これらはシーラーズ〜ヤズドもしくはエスファハーン間にある。訪問後にそのまま次の都市へ向かうのも効率がよく、おすすめである。

上から／ペルセポリスは広大なので元気があるうちに訪れることをおすすめする／ナグシェ・ロスタムの岩壁に掘られた巨大なレリーフの数々は大迫力／キュロス2世の墓はイラン人のアイデンティティの原点でもある

街そのものが世界遺産

Yazd
ヤズド

夜空を突き抜けるかのような2本のミナレットが神秘的に輝く

◎ヤズド近郊

- チャクチャク
- ハラーナグ
- エスファハーン
- メイボド
- クルアーン門
- ヤズド空港
- バスターミナル
- ドウラトアーバード庭園
- ヤズド市街地
- ヤズド駅
- 沈黙の塔
- シーラーズ

◎ヤズド市街地

- ヤズドアートハウス
- ヤズドのジャーメ・モスク
- ヤズドの旧市街
- 水博物館
- サーヘブ・アル・ザマーン・ズールハーネ
- アミール・チャグマーグ・テキーエ
- ダードホテル
- ゾロアスター博物館
- ヤズドのゾロアスター寺院

ヤズドはどんな街？

　ヤズドは砂漠のオアシス都市。厳しい自然に適応するため、先人たちが絞り出した知恵の結晶を、現代でも街のそこかしこで見つけることができる。ゾロアスター教文化の中心地として、寺院や博物館、聖地などが街の内外に多くあり、観光客はもちろん、ゾロアスターにゆかりのある多くの人々が巡礼地としても訪れる。地理的にはシーラーズやエスファハーンからのアクセスがよく、初めてのイラン旅行で訪れる街として人気が高い。

ヤズドの楽しみ方と必要日数

　ヤズドは世界遺産に登録されている旧市街が観光の拠点となる。旧市街は徒歩でまわれる程度にコンパクトで、2日もあれば主要スポットを網羅することができるだろう。なお、ゾロアスター教関連のスポットは街の外れにあるのでタクシーで行こう。郊外にはゾロアスター教の聖地であるチャクチャクや、廃墟の村ハラーナグなどがあり、ここも訪れるならプラス1日が必要になる。

上から／天高く伸びるバードギール(採風塔)が特徴的なドウラトアーバード庭園／ヤズドにはその特徴的な街の風景を楽しむことができる屋上カフェが多く存在する／ヤズド北西部にある街の入り口、クルアーン門

Yasd Art House というオープンカフェから望むヤズドの街並み。このような景色を堪能できる場所がヤズドには多い

Old City of Yazd
ヤズドの旧市街

شهر تاریخی یزد

街全体が世界遺産

　ヤズドの旧市街は日干しレンガと土で覆われた伝統的な家屋で構成される。何百年も変わらないその光景は異国情緒があふれていて趣のある街歩きが楽しめる。ヤズディ建築の大きな特徴の一つが屋根に設置されたバードギールと呼ばれる採風塔。暑い外気を取り込み、地下に流れるカナートを通じて冷却して室内へ取り込むと同時に、室内の熱気を排出するという自然の力を利用したエアコンだ。街全体が土で覆われているのも、資源が限られた砂漠で生きていくため。自然との共存を模索した先人の知恵が詰まった街なのである。

上・旧市街の中心となるアミール・チャグマーグ・テキーエ／右・旧市街の路地。日常にも趣がある

左・イスラーム教シーア派の宗教行事、アーシュラーで神輿のように使用するナフルも街中でよく見かける

淡いブルーのタイルアートは砂漠のオアシスを象徴しているかのような瑞々しさを感じる

Jameh Mosque of Yazd
ヤズドのジャーメ・モスク

مسجد جامع یزد

モザイクタイルの最高傑作

　14世紀に建てられたヤズドのジャーメ・モスクは、砂漠のオアシスを象徴する瑞々しいブルーを基調とした美しいタイルアートが特徴的なモスクである。エスファハーンやシーラーズのモスクとも異なるこのアートは、「モザイクタイルの最高傑作」と呼ばれることもあるほどだ。また、イランで最高の高さを誇る52メートルにもおよぶ一対のミナレットもこのモスクの象徴となっている。街のどこからでも見えるこのミナレットは、まさにヤズドの街のシンボルといっていいだろう。街歩きの際の目印としても活用したい。

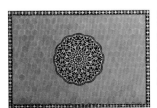

左・タイルアートの一部。この模様は「イランのタイルアート」を象徴するデザインの一つで、様々な場面でよく見かける／右上・正面から見たモスク。ミナレットがそびえ建つ／右・中庭部。街の中心地にあるため多くの地元民も訪れている

沈黙の塔は高い塔と低い塔の二つがあり、こちらは高い塔の中腹から低い塔を撮影した写真となる

Tower of Silence
沈黙の塔

دخمه زرتشتیان

神秘的な雰囲気の鳥葬の場

沈黙の塔はかつては「鳥葬の場」として使用されていた。ゾロアスター教では伝統的に、神聖な火や土、水などの自然を汚さないために、遺体の処理を鳥に任せる鳥葬が行われていた。遺体処理後は中央にあいている穴に納骨する。なお、現在はイランでは鳥葬は法律で禁止されているため、ここも使用されていない。ヤズドの郊外にあるのでタクシーで行くのがおすすめ。登頂は想像以上にハードなので、疲れていないときに動きやすい格好で訪れることをおすすめしておく。

高い塔を麓から。塔の奥から伸びる坂道があり、頂上まで上ることができる。30分はかかるため、時間と体力に余裕があればチャレンジしてみよう

左・低い塔を麓から。低い塔は整備された階段があるので上りやすい。頂上まで上るのであれば、高い塔よりもこちらがおすすめ／右・実際に鳥葬が行われていた頂上部分。ここで鳥が遺体を啄み、遺骨は中央の穴に納められた

ペルセポリスの遺跡を彷彿とさせるようなアケメネス朝様式で建設された寺院。ゾロアスター教では水も神聖なので泉もつくられている

Fire Temple of Yazd
ヤズドのゾロアスター寺院

آتشکده زرتشتیان یزد

1500年以上燃え続ける「勝利の火」

　ゾロアスター教が主に信仰されていたアケメネス朝建築様式で建てられた、「火の神殿」とも呼ばれるゾロアスター教寺院。正面上部にはゾロアスター教のシンボルでもあるファラヴァハルが埋め込まれている。内部には勝利の火（アータシュ・ベフラーム）が灯されている。この炎は1500年以上も燃え続けているという神聖なもの。勝利の火は計16あったが現在も燃え続けているのは9つ。そのうちの1つがこの寺院にあるもので、ほかの8つはインドにある。寺院の近くにあるゾロアスター教の博物館も訪れたい。

壁に飾られているゾロアスター教の教祖、ザラスシュトラの肖像画

上から／建物内部で燃え続ける勝利の火。旅行者でもガラス越しに見学することができる／ゾロアスター教のシンボル、ファラヴァハル。現在でもペルシア民族のアイデンティティの象徴として、アクセサリーなどでも多く使用される

ミルを使用したトレーニングの様子。肩甲骨から
ぐるりと回すため、腕の筋力だけでなく、上半身全
体を鍛えることができる

Saheb Al-Zaman Zurkhaneh

サーヘブ・アル・ザマーン・ズールハーネ

伝統が鍛える**肉体と精神**

زورخانه صاحب الزمان یزد

　ズールハーネはイランのレスリング（コ
シュティー）の練習や、ヴァルゼシェ・ズ
ールハーネイーというイランの伝統的な肉
体鍛錬をする道場。力強い太鼓の音色に合
わせて詩を歌い、木製の棍棒（ミル）や金
属製の盾（サング）、弓（カバーデ）などを
使用し、肉体と精神を鍛える。ズールハー
ネはイランの各都市にあるがここは観光客
も歓迎してくれる道場。生で観る大迫力の
トレーニングは非常に力強く、美しい。な
お、あくまでも「普段のトレーニングを見
学させていただく」ことになるのでくれぐ
れも敬意は忘れずに。

左上・太鼓を叩き、鍛錬
をリードする役割の人を
モルシェドと呼ぶ／上・ト
レーニングに使用するカ
バーデと呼ばれる金属製
の弓／左・気さくな方々
でトレーニング後の撮影
にも応じてくれた

伝統的なヤズディ建築。夜のライトアップも非常に美しい。観光で
疲れた夜は、庭園でゆっくりとチャイタイムを楽しんで

Dad Hotel
ダードホテル

هتل سنتی داد

ヤズディ建築の人気ホテル

　約100年前に伝統的なヤズディ様式で建てられた建物を改
装して営業するヤズドの人気ホテル。半地下部分につくられ
た中庭も非常に美しく、何時間でも寛ぐことができる。室内
はヤズドなどでよく見られるタイルアートのような鮮やかな
ターコイズブルーで統一されていてお洒落。アクセス的には
旧市街のど真ん中とはいえないが、タクシーで5分、歩いて
も30分程度で行くことができる。宿泊したい場合はウェブ
サイトやInstagramなどを通じて直接問い合わせるか、イラ
ンに強い旅行会社に代行してもらおう。

左・門構えもどっしりとしていてかっ
こいい／右上・スタンダードダブル
ルーム。少しレトロな感じもするが
全体的に清潔で快適／右・朝食は
バイキング形式。通常のホテルより
も豪華

ものづくりと商業の街

Kashan
カーシャーン

カーシャーンはどんな街？

　エスファハーンとテヘランのちょうど真ん中あたりに位置する、人口30万人ほどの小さな観光都市。ものづくりと商業の街として有名でとくに絨毯産業が盛ん。街中にも絨毯や染色の工房が数多くある。おもな観光スポットはボルジェルディハウスやタバタバエイハウスに代表される18〜19世紀に活躍した商人の豪華な邸宅などで見学が可能だ。近郊にあるバラの村、ガムサールや赤土で覆われた村、アブヤーネも観光客の人気が高い。

カーシャーンの楽しみ方と必要日数

　カーシャーンの街はコンパクトなので、主要部をさっと観るだけであればエスファハーンからテヘランまでの移動の間に立ち寄って、宿泊せずに観光することも可能ではある。しかしながら、見どころは決して少なくないので、できることならば1泊はしたい。1日でカーシャーン市内をまわり、次の日は近隣の村へ、というプランがいいだろう。

上から／バザール内のアミノドーレ・プラザ／繊細な彫刻が美しいタバタバエイハウス／紀元前3000年の遺跡、テペ・シアルク／赤土に覆われる村、アブヤーネ

派手さはないが、その独特の多層構造と左右対象美、そして細部までこだわった装飾は、ペルシア建築の奥深さを感じさせる

Agha Bozorg Mosque

アガー・ボゾルグ・モスク

مسجد آقا بزرگ

カーシャーンを代表するモスク

　19世紀に建造されたモスクで、ペルシア建築の特徴の一つである完璧な左右対称デザインが美しい。地下1階、地上2階建てのこのモスクは神学校も含まれる複合施設として建設され、多くの教室を収容するためこのような多層構造となった。細部を見てみると、基調となる無地のレンガのなかに、鮮やかなターコイズブルーのモザイクタイルが映える美しいアートが各所に埋め込まれている。入り口近くの華やかにバラが咲き誇るアートも美しい。カーシャーン市街の真ん中に位置しておりアクセスもよい。

上から／細部のターコイズブルーのタイルアートも美しい／入り口にある鮮やかなガージャール様式のタイルアート

背の高い木々が浮世離れした雰囲気を醸し出す、隠れ家のような庭園。
街の外れにあり、それほど混雑しないので、旅行中のひと休みにもぴったり

Fin Garden
フィーン庭園

باغ فين

近年は写真映えを意識し
たオブジェもイランの観光
地でよく見るようになった

かつての王の休息地

　サファヴィー朝時代の王はカーシャー
ンで休暇を過ごしていた。このフィーン
庭園はその時代にアッバース1世が建設
したもので、現在でももっとも人気が高
いペルシア庭園の一つ。庭園の全域に水
路が張り巡らされ、力強い木々に覆われ
るこの庭園は、さながら日常から隔離さ
れた楽園のよう。随所に施されているアー
トも美しい。ガージャール朝期に積極
的な近代化改革を断行した敏腕政治家、
アミール・キャビールが、シャーの命に
よってこの庭園のハマームで殺害される
という歴史的な事件の舞台としても知ら
れている。

左・庭園に張り巡らされた水路の終点地に建てられた「クシュク」と呼ば
れる休憩所。「キオスク」の語源にもなっている／右・クシュクを別角度か
ら。王の休暇地ということもあり、見応えのあるアートが施されている

屋上に上がれるのもこのハマームの特徴の一つ。360度ぐるりと設置された凸レンズにより、どの時間帯でも効率的に採光ができる仕組みとなっている

Sultan Amir Ahmad Bathhouse
スルターン・アミール・アフマド・ハマーム

芸術的なハマーム建築

حمام تاريخی سلطان امیر احمد

　カーシャーンの中心部にある16世紀サファヴィー朝時代のハマーム。地震によって崩壊したが、19世紀ガージャール朝期に修復され現在の姿となる。見学する際はまずサルビネと呼ばれる脱衣所で入浴の準備をする。準備が済んだらミアンダルという廊下を進んでゆき、その先のギャルム・ハーネで温浴したり、アカスリやマッサージなどのトリートメントを受ける。各部屋の天井には日光を効率的に取り入れる凸レンズが設置されていて、屋上ではその構造を見ることができる。その姿はさながら宇宙船のようだ。

左・サルビネの中央には噴水がある。その周囲の脱衣場は休憩スペースとしても使用され、人々はここで会話を楽しむことで一種の社交場としても機能していた／右・ギャルム・ハーネの漆喰壁のアート。部屋ごとに異なったテイストの装飾が施されていたりと、アートへのこだわりからもイランらしさを感じる

イランには魅惑の街がいっぱい！

Other Cities
そのほかの都市

ここまでに挙げてきた都市以外にも、
イランには魅力的な地方や都市がたくさんある。
その一部を紹介しよう

ガズヴィーンにあるイマームザデ・ホセイン廟に施されたタイルアート。アーチに沿って無限に広がるように施された幾何学模様のアートは「神の遍在性」を表現している

مشهد
Mashhad マシュハド

テヘランに次ぐイラン第二の都市。街の中心に位置するイマーム・レザー廟はシーア派の一大聖地で世界中から巡礼者が訪れる。郊外にもニーシャーブールに代表される人気観光地が多い。エスファハーンやシーラーズから離れているため初回のイラン旅行では行きにくいが、2回目には必ず訪れたい。

金色に輝くイマーム・レザー廟。ここは夜中でも多くの巡礼者でにぎわう

左から／マシュハド市内にある、18世紀にイランを治めた「ペルシアのナポレオン」ことナディール・シャーの霊廟／ニーシャーブールにある世にも珍しいオール木造のモスク／1000年以上回り続ける、「風の谷」ナシュティファーンの風車群。ナウシカのモデルになったという説もある

تبریز
Tabriz タブリーズ

イラン第四の都市、タブリーズはイランのアゼリー文化の中心地。イルハーン朝やサファヴィー朝時代は王都として栄え、とくにバザールを中心とした商産業が発展した。世界遺産を含む魅力的な観光スポットが多くあるので、マシュハドとともに2回目のイラン旅行では必ず訪れたい都市だ。

タブリーズ近郊のキャンドヴァーンは岩をくり抜いた家が連なる独特な風情の村だ

左から／14世紀黒羊朝時代に建てられたブルーモスク。地震による傷跡が目立つがその美しさは健在／ガージャール朝時代の歴史的家屋を改装したアミール・ネザームハウスも見応えのある博物館だ／タブリーズ市民の憩いの場、シャー・ゴリ公園。タブリーズの日常を感じることができる

اهواز
Ahvaz アフヴァーズ

イラン南西部フーゼスターン州の州都。この地域はイランでもっとも歴史が古いため世界遺産が多く、アフヴァーズはそれらをめぐるときの拠点となる。アラブ系の住民が多数を占め、イランの他都市とは違った文化を味わえるのも魅力。周囲には油田が多く、郊外では油田関連施設を眺めることができる。

カールーン川に架かるセブンス橋。光と水が融合した演出が美しい

左から／世界遺産、シューシュタルの水利施設。古代から受け継がれる技術を堪能できる／こちらも世界遺産、チョガ・ザンビール。エラム時代から残る神殿／アフヴァーズの街での一枚。街自体が観光地化されていないので「生のイラン」を感じることができる

کرمانشاه

Kermanshah ケルマーンシャー

イラン西部に位置するイラン最大のクルド人都市。バザールにはクルド系の民族衣装関連のお店が多く、スンニ派のモスクもある。サーサーン朝時代に栄えた街で、その時代にゆかりのある遺跡もいくつかあるため、旅行者に人気が高い。世界遺産に登録されているビソトゥーンはこの地にある。

イランでは珍しいスンニ派モスク、シャーフェイー・モスク。タイルアートが施されたペルシア様式ではなく、オスマン様式で建てられている

左から／アケメネス朝ペルシアの王、ダレイオス1世によってつくられたビソトゥーン碑文。世界遺産／街の中心部にあるモアヴェナル・モルク・テキーエ。近年フォトジェニックなスポットとしてとくに人気が高い／バザールに並ぶクルドの民族衣装。このようなところからもイランの多民族文化を感じることができる

کرمان

Kerman ケルマーン

イラン南東部にある砂漠の街。「世界一暑い場所」として知られるルート砂漠を訪れる際の拠点となる。近隣にはサーサーン朝時代からの歴史があるバム遺跡もある。バム遺跡は2003年の地震で大きな損傷を被ったが、修復がかなり進んできた。ヤズドから近く、時間が許すならぜひ立ち寄りたい都市だ。

ケルマーン近郊のシャーザデ・マーハーン庭園。ケルマーンとバムの間に位置するため、バム遺跡の帰りなどに寄るといいだろう

左から／修復もかなり進み、その美しい姿を取り戻したバム遺跡／ルート砂漠で絶対に楽しみたいのがSUVによるサファリツアー。日帰りでも楽しめる／ルート砂漠では長年の風化によって生まれた、火星のような独特の風景を見ることができる

جزيره هرمز
ホルムズ島 Hormuz island

ペルシア湾に浮かぶ小さな島。「レインボーアイランド」と呼ばれ、様々な色の鉱物が混じり合ったここでしか見られない絶景を楽しめる。拠点となるのは本土のバンダルアッバスという港街でフェリーでアクセスできる。イラン南部の文化も独特で魅力的なので、近隣のゲシュム島とあわせて訪れたい。

ホルムズ島の名所の一つ、「塩の女神」と呼ばれる大迫力の岩塩ドーム

左から／様々な鉱石が入り混じり、カラフルな景色を楽しめるレインボーバレー／ホルムズ島の独特な民族衣装。ホルムズ島はじめ、イラン南部では内陸部とは異なる独自の文化が存在する／バンダルアッバスの露天バザールの様子

رشت
Rasht ラシュト

ペルシア語で「ショマール（北）」と呼ばれるカスピ海沿岸地域にも魅力的な都市が多い。その代表がギーラーン州の州都であるラシュトで日本のような森林や田園風景が多く見られる。イランでもっとも多彩な食文化を誇る地域なので食通は訪れたい。近隣にはマスレ村など有名な観光スポットが多い。

ラシュト近郊の天空城、ルードハーン城。セルジューク朝時代、敵の侵入を防ぐために尾根沿いに建てられた全長1.5kmの城壁は圧巻

左から／ラシュトの市場に並ぶカスピ海産の魚たち。バザールで多くの海産物が見られるのもイラン北部ならでは／ラシュト近郊のマスレ村。屋根が上層の通路となる独特な階段状の構造になっている／イラン北部でつくられる伝統的な靴下。カラフルでかわいく、お土産にも人気が高い

日本で感じるイラン

日本に居ながらもイランを体験することはできる。
ここでは数ある候補から厳選した二つのお店と、
イランの文化を伝える二人のアーティストをご紹介する

ペルシア絨毯店

ミーリーコレクション

住所：東京都港区白金台5-3-7 くりはらビル101
営業時間：10時30分〜18時／定休日：火曜
TEL：03-3440-9391／https://miricollection.com/

「ミーリーらしさ」を感じる絨毯たち

　イランが世界に誇る伝統工芸品、ペルシア絨毯。日本でもペルシア絨毯専門店は少なくないが、一歩お店に入れば他店とは違う「なにか」を感じる絨毯店がある。東京は白金台のミーリーコレクションだ。

　その「なにか」を紐解く鍵が「手紡ぎ・草木染め」にかけるこだわりだ。一般的に「手織り絨毯」といえども、使用する糸は機械で紡績されたもの。しかし、ミーリーの絨毯で使用するのは職人たちによって手で紡がれた糸。それらの糸を、自社の染め工房にて100％草木染めにこだわった製法で色をつける。絨毯の配色も独自の草木染めの色を基にデザインされる。その結果、まさにミーリーらしさが感じられる、やわらかく美しい仕上がりの絨毯となる。この「らしさ」こそが「なにか」の正体なのかもしれない。

手紡ぎ、草木染めだからこその、やさしく繊細な美しさがミーリーのペルシア絨毯の特徴。この雰囲気はほかの絨毯屋ではなかなか味わうことができない

伝統の先に見る「ハイブリッド」

　絨毯づくりのこだわりはデザインにも宿る。現代に至るまでに失われてしまったデザインの「復活」、さらには新たなデザインの「創造」という点もミーリーコレクションならではの特徴だ。現在の代表であるアミールさんがチーフデザイナーを務めるコレクション、ソレマニエ・フィニィでは、彼の人生のルーツであるイランと日本のカルチャーを取り入れた「ハイブリッド」なデザインの絨毯もつくる。表現したいデザインが伝統の織り方で再現ができないのであれば、それを可能にする新たな織り方を開発する。

　伝統が育んできた美しさとそれを基とした新しさ。ぜひ一度、店舗に足を運び、その目で実感してみてはいかがだろうか。

左から／店舗の外観。「らしさ」が生み出す、やさしくアットホームな雰囲気は肩肘張らずとも入りやすい／自らもデザイナーとして活躍する、代表のソレマニエ・フィニィ・アミールさん

テーブルや壁面を飾るイランの装飾品の数々。まるで
イランにきたかのような旅行気分を味わうことができる

ペルシア料理店
高円寺Bolbol

住所：東京都杉並区高円寺北3-2-15-2F
営業時間：11〜23時／定休日：なし
TEL：03-3223-3277／https://bolbol.jp/

本場より美味な料理の数々

　JR中央本線の高円寺駅北口を出て、商店街を歩くこと約2分。細い階段を上り、ドアを開けた先に広がるペルシアの世界。そこが長年にわたり愛され続けるペルシア料理店、ボルボルだ。

　イラン人オーナーシェフのボルボル・ホセインさんが来日したのは1990年。イランで料理を学び、日本のレストランでも修行を積んだ彼が2004年にオープンして以来、約20年間愛され続けている長寿店だ。

　独自の研究を重ね、数十種類ものメニューを提供するなかで一番の人気を誇るのは、ペルシア料理の王道であるクビデ・キャバーブ。ジューシーでクセが少なく、よい塩梅のスパイスで仕立てあげられたその味に対して「イランで食べるクビデより美味」という声も多い。

イラン好きの憩いの場

　ボルボルの魅力はおいしい料理だけではない。「イランのよいところを、日本人にもっと伝えたい」というホセインさんの想いがこもったイランの工芸品が並ぶ素敵な内装。そして、彼のユーモアあふれるトークの数々は、多くの日本人を「イラン好き」にしてきた。さらには、日本在住のイラン人たちも故郷の味を求めて都外からも多くやってくる。

　店内ではペルシア音楽やダンスなどのショーを開催することも多く、幅広くイランの文化に触れる機会を提供してくれるボルボル。まさにイラン好きの人々の憩いの場となっている。

左から／一番人気メニュー、クビデ・キャバーブ。オーナー自らが研究に研究を重ねた味は、まさに絶品／オーナーのボルボル・ホセインさん。彼の人柄やトークもまた、このお店が多くの人に愛される理由の一つである

サントゥール演奏家
岩崎和音
Kazune Iwasaki
http://kazuneiwasaki.com/

サントゥールを弾く岩崎さん。2本のバチで金属弦を叩き、音を奏でる

72本の弦が生み出す幻想的な世界

　ペルシア音楽を代表する楽器の一つがサントゥール。クルミの木に張られた72本の金属弦が共鳴して奏でるペルシアの旋律は、聴くものを幻想的な世界へと誘う。岩崎和音さんは日本で数少ないサントゥール奏者だ。幼い頃からピアノとともに育ち、大阪音大生時代にサントゥールと出会う。その魅力に引き込まれた彼はイランに渡り、国立テヘラン大学修士課程で本格的にサントゥールを学ぶ。現在は日本とイランを軸に、演奏家としての活動を精力的に行う。

　彼のサントゥール奏者としての活動の幅は広い。ソロ活動だけでなく、イランの伝統打楽器であるトンバクの奏者、蔡怜雄さんとのユニット、ケレシュメでの活動も行い、ここ日本でもペルシアの美しい音色を私たちに届けてくれる。また、サントゥール教室、パルディースを主宰し、彼の元で実際にサントゥールの演奏を学ぶこともできる。日本に居ながらペルシアの伝統音楽にふれあう機会を提供してくれる彼の存在は貴重で、ペルシア文化好きとしてはうれしい限りだ。

伝統と個性で創る新たな価値

　彼はペルシア音楽の美しさを伝えるだけでなく、自身のアイデンティティとペルシアの伝統を掛け合わせて創る新たな価値を音で表現する。たとえば、彼が作曲した浮世絵を主題とした映画の音楽では、サントゥールで奏でるペルシアの旋律を軸に、彼の「日本人」という個性をメロディーで表現することで、この世で彼にしか創れない新たな旋律を奏でる。

　サントゥールを通じて伝統を継承しつつ革新を生み出す。そんな彼の今後の活躍から目が離せない。

西洋音楽にはない「微分音」を奏でるのもペルシアの伝統楽器であるサントゥールの特徴の一つ

ペルシアンダンサー
ミーナ・サレー
Mina Saleh
https://kimiya-saleh.com/

MSベリーダンススタジオ
【錦糸町店】
住所:東京都墨田区大平3-2-8-2階
TEL:03-3621-8581
【横浜店】
住所:神奈川県横浜市神奈川区鶴屋町2-10-7 田村ビル3F
TEL:錦糸町店と同じ

ダンサーとしてだけでなく、インストラクターとしても第一線で活躍するミーナ・サレーさん

イランの日常にダンスは欠かせない

あまり一般的に知られていないかもしれないが、イランの日常の中で、ダンスは欠かすことのできない一大要素。ホームパーティーや結婚式では老若男女問わず、皆が踊り、楽しい時間を共有する。そんなイランで広く愛されているダンス文化を日本に伝えるのが、ミーナ・サレーさんだ。

イラン生まれの彼女が来日したのは12歳のとき。幼い頃から音楽やダンスに囲まれて育った彼女は日本に移住後、すでに日本でダンサーとして活躍していた姉・キミヤさんとともに、高校生の頃からダンス講師としてのキャリアを開始。大学生の頃には姉の不幸を乗り越え、ダンススクールを法人化し、現在も自らが運営する「MSベリーダンススタジオ」にてベリーダンスとペルシアンダンスを多くの生徒さんに教えている。

ペルシアンダンスの第一人者

ミーナさんは日本におけるペルシアンダンサーの第一人者。ひと言でペルシアンダンスといっても宮廷舞踊はじめ、バンダリやアゼリーなど民族によって様々なダンスがある。それらを独自で研究し、ここ日本で伝える彼女は、まさにペルシアンダンスの伝道師だ。

また、イランのお正月にあたるノウルーズには、彼女の生徒さんらとともにペルシアンダンスショーも開催している。日本に居ながらペルシアンダンスの美しさを観て、そして踊って楽しむことができるのは、彼女のダンスにかける熱き思いの賜物である。

錦糸町店のスタジオでのレッスン風景。フロアに敷いてあるのはペルシア絨毯で、踊りやすく足腰にも負担が少ない

イランの都市間の移動中によく見る風景。とくに内陸部ではこのような果てしなく広がる荒野の風景を車窓から楽しめる

イランをより知るためのコラム

1

イランは**砂漠だけじゃない**

地域ごとの自然が楽しめる

私はよく、人にイランの話をする際は「イランの自然ってどんなイメージ?」という質問をする。返ってくるのは90％以上の確率で「砂漠」か「荒野」という言葉。大正解。イランの内陸部はほとんどが砂漠か荒野だ。夏になれば40℃を超える場所も多い。だがしかし、イランは地域により自然も様々。北部に行けば緑が広がり、南の島にはビーチリゾートだってある。そして冬にはウインタースポーツを楽しむことができる。

イランでスノボをしてみた

ということで、イランの首都テヘランにあるトーチャールというゲレンデでスノーボードをしてきた。結論からいうと、かなりおすすめ。まず驚いたのがそのアクセスのよさ。トーチャールはテヘラン北部に位置し、起点となるゴンドラ乗り場はほぼ街中。たとえば朝9時にテヘランのホテルで「今からスキーする?」となったとしても、午前中には滑りはじめることができるほど。しかも雪質が驚くほどにパウダースノー! というのもこのトーチャールのゲレンデ、標高が3700mと富士山頂とほぼ同じ。そのうえ空気が非常に乾燥しているので雪もサラサラ。レンタル用品も完備しているので、旅行中でもサッと気軽に行くことができる。

翌日はダイビングも楽しめる

そしてイラン南部の島々では一年中、マリンスポーツが楽しめる。たとえばテヘランでスキーを楽しんだ翌日に飛行機で南の島へ飛び、そのまま海へ! なんてことも可能だ。どの季節、どの地方に行っても楽しみがあるのがイラン旅行!

左から／カスピ海沿岸部のゴルガーン郊外の風景。北部は多湿地域でコメづくりが盛ん。日本の風景とかなり近いものを感じる／トーチャールの山頂にて。若者を中心にスキーやスノーボードを楽しむ人が増えてはいるが日本と比較して少なく、ゲレンデを広々と使える／イラン南部のペルシア湾に浮かぶ島、ホルムズ島のビーチにて。撮影したのは12月上旬だが、海水浴を楽しむ姿も見られた

イランと**イスラーム国家**

イラン＝イスラームの国？

　2015年に私が初めてイランを訪れたときは衝撃の連続であった。当時はイスラーム国（ISIL）が活発に活動していたことから、なんとなく「中東は危険な地域」というイメージが世界的に蔓延していて、旅中に出会った旅仲間でさえも「イランに行く」と伝えると気まずい顔をされたのをよく覚えている。

　当時イランに関してほぼ無知であった私は、とりあえずイランについて検索してみた。出てくる情報といえば「ロック（音楽）やダンスが禁止されている」、「マクドナルドはじめ米企業が存在しない」、「YouTubeさえも観られない」など。理由はどうも政府がイスラーム的な思想・文化を守るために、西洋文化を身近に感じるものを禁止しているからしい。だとすると、イランにはなにがあるのか？　イラン人はなにをしているのか？それが知りたい。そして、それを知ることができれば帰国後なにかと話のネタになるのではないか……。そんな気持ちで初めてイランを訪れてみた。

初訪問時に受けた衝撃

　イランに到着した初日、前日まで滞在していたドバイで知り合ったイラン人の知人が、イランの街を案内してくれることになっていた。ホテルに到着後しばらくすると彼が迎えにきてくれ、彼の車に乗り込んだ。車内ではゴリゴリのダンスミュージックが流れている。ペルシア語なので歌詞は理解できないが、どう考えてもイスラームっぽさのかけらもない。「これなんて曲？」と聞くとスマホを渡される。画面内にはプールサイドで水着のお姉様たちが踊るなか、ギャングスタのような男が歌っているYouTubeのPV。

　さらに当時はちょうどラマダーン期間中で日中は断食中のはずなのに、運転席の彼は普通にサンドイッチを食べている。もはや私の頭のなかは「？」で埋め尽くされた。この初日に受けた衝撃は今でもよく覚えている。

宗教観も**十人十色**

　現在のイランはイラン・イスラーム共和国なので、法律はじめ国のルールはイスラームのアイデアのもとに、政府によって制定されている。Wikipediaの「イランの宗教」によると国民の99％以上がイスラーム教徒だ。しかし、実際のところ宗教的な関心が高くない国民も多い。むしろ、法律などでそのようなルールを制定されていることを不服に思っている人も少なくはない。

　もちろん、物事の良し悪しはその人の価値観によって左右されるのでそれに言及する気はないが、事実としてイランには多種多様な考え方の国民がいる。そのあたりは、ネットの情報だけでは見えてこないので、実際にイランを訪れ、その目その肌で「リアルなイラン」を感じてみてほしい。

イランをより知るためのコラム
3

イランは**多民族**の国

イラン＝ペルシアなのか？

　イラン＝ペルシアの国。この考え方はあながち間違いでもないが、厳密にいえば正しくもない。事実、イランは昔は外国から「ペルシア（ペルシャ）」と呼ばれていた。だが、1930年代には当時のイラン政府が他国に「イラン」と呼ぶように要請し、以降はイランで定着した。なお、「イラン」はアーリア人が語源で、ペルシア人という民族名や現在のファールス地方という土地名から派生した「ペルシア」という言葉よりも歴史、民族、地理的に広い意味を持つ。したがってイラン＝ペルシアとすると、イランに住むペルシア民族以外を排除した形にも受け取れてしまう場合もある。

「ペルシア文化」という言葉も、古代のペルシア帝国時代に栄えた文化から影響を受けた、派生した文化、という広義の意味で使われることもあれば、ペルシア民族の文化という狭義の意味で使用される場合もある。

　なお、本書では前者の意味であえて「ペルシア文化」という言葉を使用している。理由としては「イラン文化」といえば「イラン・イスラーム共和国の文化」というイメージが強くなるため。広義のペルシア文化はイラン以外の国でも存在しているので、それを考慮してこの言葉を使用している。このあたりは突き詰めてゆくとキリがないため、ある程度やんわりと受けとめていただければうれしい。

イランを構成する民族

　イランを構成する最大の民族はペルシア民族（約50％）である。公用語はペルシア語だ。初回のイラン旅行の訪問先として人気が高いテヘラン、エスファハーン、シーラーズはペルシア民族が多く住むので、実際に旅行にいけば「イラン＝ペルシア」というイメージを強く感じるはずだ。しかし、裏を返せばペルシア民族は「50％しかいない」というのも事実。アゼリー、クルド、ロル、マーザンダーラン、ギーラン、バルーチ、トルクメン、カシュガイなど他民族が共存し、地方によって大きく文化も異なる。イラン好きとしては様々な土地で、多様な文化を感じてほしいという想いも強い。

おすすめは年1回の旅行博

　とはいえ、各地方を訪れるにはそれなりに時間と費用もかかるし、イラン以外にも魅力的な旅行先は世界にはたくさんある。そこでおすすめしたいのが毎年2月にテヘランで開催されるTehran International Tourism Exhibition（TITE）という旅行博。イランの各自治体がそれぞれブースを出展し、地域ごとの特色を感じることができる大規模な展示会だ。もちろん実際に各都市に行くのが理想だが、この展示会だけでもイランの多民族的要素をかなり感じることができる。一般のイラン人にも人気の展示会なので、タイミングが合えば訪れてみてほしい。

イランをより知るためのコラム

4

イランと経済制裁

そもそも経済制裁とは？

　旅行や政治に限らず、イランに関する話題で決して避けては通れないのが「経済制裁」に関すること。旅行で訪れてもクレジットカードが使えない、大手サイトでホテルが予約できないなども経済制裁が原因だ。もっといえば、「日常生活のなかでイラン関連の情報とふれあう機会が少ない」のも経済制裁が大きな要因。制裁によってイランへの送金ができず、私企業間の取引が少ないことから、それと比例してイラン関連の情報が出回ることも少なくなっている。この「経済制裁」とはなんなのか少し解説しよう。

核合意とトランプ大統領

　対イラン制裁は現体制が確立した1979年から存在するが、世界規模の大きなものは2006年から。2002年にイランの反体制組織、モジャーヘディーネ・ハルグがイラン政府の核開発疑惑を暴露し、その後、IAEA（国際原子力機関）が核開発関連の監査を強化。しかし、次第にイラン政府がそれを拒むようになり、2006年に国連安保理で制裁案が可決。そこから世界規模の制裁へと拡大した。

　2015年にはJCPOAと呼ばれる核合意が締結して一時は制裁解除されることとなったが、2018年に当時のアメリカのトランプ大統領が一方的に核合意の破棄を決定。トランプ氏退任後も核合意が復活することなく、現在に至っている。

重要なのは二国間制裁

　国連安保理が制裁案を可決したことにより、日本含め世界の多くの国が対イラン制裁を行っているが、あくまでそれは「対イラン政府」関連のもの。なので、日本とイランの私企業同士の取引の制限などは核関連を除きほぼなにもない。でも、現実的にそれができないのはなぜか。その理由がアメリカ政府による対イランの二国間制裁だ。アメリカ政府が「イランの企業と取引している会社とは、米企業は取引しない」としていることで、世界の銀行はイランの企業との取引を控えている。その結果、送金することができず、企業間の取引ができない、というのが現状である。

国外進出の高い壁

　79年の革命政府樹立以降、イラン・イラク戦争や制裁の影響でイラン経済は何十年も低迷を続けている。企業としても国内の市場は限られているので国外進出したくても、制裁の影響によりこんなにグローバルな現代の世の中でもそれが難しい。企業だけでなく、個人レベルで活動するクリエイターなども例外ではない。イラン好きとしては一刻も早く制裁解除の日がくることを祈る。

イランで売られている「ミルキーマウス」のアイスクリーム。どこか見覚えのあるデザインだが……これも制裁対象国ならではなのかもしれない

あとがき

今や「イランの良さを伝える杉森」として趣味も仕事もイラン一色の毎日のなかに生きる私ですが、元々は海外旅行全般が好きでしたので、前職は海外旅行系のウェブメディア運営でした。そのなかで多くの国の旅行情報の記事を担当し、何十カ国もの大使館や政府観光局に足を運び、各国の観光情報とふれあうなかで気づいたこと、それこそが「イランが持つ、観光国としてのポテンシャル」でした。観光大国と比較しても決して見劣りしない魅力を持つイラン。でも、旅行先としてはまだまだマイナーな国。理由はいろいろありますが、もっとも大きな要因の一つが、本書でも少し触れた「経済制裁」です。

もしも経済制裁が解除され、旅行業を含め私企業間の取引が活性化すると、資源、人、土地が豊富なイランの経済は爆発的に伸び、旅行先としても一気に人気になるでしょう。そうなることで、もっとイランの良さを気軽に感じることができるようになると同時に、失われてしまう良さもあるかと思います。私の個人的な想いとしては、1秒でも早く経済制裁が解除され、イラン経済が活性化することを心から望んでいます。しかし、それと同時に「今のイラン」でしか感じることのできないことも多くあるとも思います。

「いつかはイランに行ってみたい」とお思いの方がいらっしゃいましたら、是が非でも「今」行くことをおすすめします。そして、制裁が解除され、もっと経済が活性化された際に再訪することで、新たに感じることも多くなるはず。多くの方が、実際にイランを訪れ、その目その肌で「イラン」を感じていただければ、いちイラン好きとしてうれしい限りです。

最後になりましたが、本書を出版するにあたりご協力いただきました日本とイランの皆様、イカロス出版の皆様、そしてなにより、ここまで私をイラン好きにしてくれた親友のアリ・シェイコレスラミに心から感謝を申し上げます。

ヘイリーマムヌーン！

2023年9月　杉森健一

Kenichi Sugimori

杉森健一
イランの良さを伝える杉森

25歳のときに出た世界の旅の途中にイランを訪れ、ハマる。その後も度々イランを訪れつつ、海外旅行系ウェブメディアの運営に携わるも2020年に独立。現在はペルシアンアートをコンセプトとした雑貨屋「PERSIAN TAG」やイラン旅行業「人生で最高のイラン旅」、ペルシア文化体験フェス「PERSIA FES.」などイラン関係の事業を運営しつつ「イランの良さを伝える杉森」として各種メディア、SNSでイラン情報を発信中

X:@persianized_ken
Instagram:@persianized_ken

[表紙写真]
礼拝堂の東側に施されたステンドグラスに差し込む朝日が幻想的な景色を生み出す、シーラーズのナスィーロル・モルク・モスク。バラをモチーフにした美しいタイルアートも多く、「ピンクモスク」という名でも知られる

デザイン[カバー＆本文]：長尾純子
地図イラスト：サイズファクトリー

ペルシア文化が彩る魅惑の国イラン
Travel & Culture Guide

著者	杉森健一
発行者	山手章弘
発行所	イカロス出版
	〒101-0051 東京都千代田区神田神保町1-105
電話	03-6837-4661（出版営業部）
印刷・製本所	図書印刷

乱丁、落丁本はお取り替えいたします。定価はカバーに表示しております。
本書掲載の記事、写真等を無断で印刷物や電子メディアに複写・転載することを禁じます。

Copyright © 2023 Kenichi Sugimori All rights reserved.
Printed in Japan